どこで日本人の歴史観は歪んだのか

okazaki hisahiko

岡崎久彦

海竜社

どこで日本人の歴史観は歪んだのか

目次

［第三章］
明治時代の日本の外交、軍事

［第五章］
アジア解放の役割

［第六章］
敗戦と占領

装丁 ――川上成夫

［第一章］

歴史とは何か

歴史好きの国民の歴史観

日本人は歴史が好きですね。

店頭に売られている雑誌や書籍を見ても、戦国時代の武将達の話、幕末の志士や維新の功労者達の話、日清、日露、満州事変、大東亜戦争の将軍、提督の話などが、繰り返し繰り返し語られています。

こんな国は世界でもほかにありません。

中国では昔から教養人は歴史と古典を知ることが必須の条件でしたが、最近の人は歴史や古典の教養にあまり関心がないようです。今の中国人に中国の古典の話をしても、きょとんとしている場合が多いようです。

アングロ・サクソンは歴史が好きです。また、書くのが上手です。おそらく、中国と日本を除いては、世界中の歴史はほとんどアングロ・サクソンが書いたといっても過言ではないでしょう。ペルシャやインドのような古い歴史を持つ国でも、ちゃんとした歴史書をまとめたのは英国人です。ローマ帝国の衰亡を延々と書いたのは英国人のギボンですし、浩瀚《こうかん》なオランダ独立史を書いたのは米国人のモトリーです。

今でも英国人はネルソン、米国人はリンカーンの話が好きですが、日本のように雑誌や新聞が頻繁に歴史物の特集を組むようなことはありません。

敗戦と占領で、日本はあまりにも多くのものを失いました。でも不思議に残っているものもあるのですね。

徳川時代三百年は世界史でも稀な文治社会でした。その時の教養は歴史と古典です。古典といっても、それは、中国古典世界の哲人、政治家の言行を記したものですから、それ自体歴史といってもよいでしょう。ですから、当時の人達は、実によく歴史を知っていました。それが知識人の資格でした。その伝統が明治後も敗戦までは、旧制高校に代表される日本の教育に引き継がれました。

この伝統がまだ生きているのかもしれません。

この伝統は何とか守って欲しいと思います。戦前私は中学の時に、ある先輩から、

「文科に進むのか？　理科に進むのか？　文科に行くのなら、ひまがあれば歴史さえ読んでおけば決してムダにならないよ」と言われてから、歴史、人物伝と名のつくものなら、何でも手当り次第に濫読《らんどく》して来ましたが、今でも、この先輩の言は正しかったと思っています。

現在の日本は、政治も経済も前途に光明がなく、思想的にも不毛で、八方塞《ふさ》がりの感があります。日本は何時再生するのでしょうか。ルネッサンスは再生ということです。つまり、ギリシャ、ローマの古典に溯《さかのぼ》ることによって、中世以来の停滞《ていたい》と惰性《だせい》を脱して全く新しい近代文明を創造したのです。今の日本にも、歴史と古典を尊重するという教養主義の伝統が残っているということは、何時の日か、この教養主義を起爆剤として新しい日本文明が創造される希望を我々に持たしてくれます。

ところが日本の近代史は、種々の偏向史観によって引き裂かれて、今のままでは、日本人が過去の伝統に復帰するのを妨げているのが実情です。

偏向史観になる理由

まず最初の偏向史観は薩長史観です。

このことについては、すでに大正時代に内藤湖南《ないとうこなん》（歴史家）が、「実際世に行われている多数の歴史は多く薩長のために書かれたもので、いわゆる尊攘派の観方によって作られたものである」と言いました。たしかに細かい点は、いくらでもそういうことがあります。そういう細かい点ははなれて、一番大事なことは、薩長史観というのは、それまでの日本は封建主義で、真っ暗な闇の中に閉ざされていて、それを明治維新で朝日が出たように明るくなった、すっかり近代化した、そういう史観だということです。

それは、ある程度ほんとうですが、この薩長史観では、結局それまでの日本の千年間の歴史、特に徳川時代三百年という非常に高度な文治社会を無視して、歴史を断絶しています。

その意味では、これは占領史観に似ています。占領史観というのは、太平洋戦争敗戦後にアメリカが入ってきて、それまでの軍国主義的封建主義的日本を全部新しくして朝日が昇ったように全部変えてしまった、という史観です。

薩長史観は占領史観と同じように勝者の史観です。

戦争の後では、どんな場合でも勝った国の史観が優先されることはしかたがありません。負けた国の史観は残らないのです。しかし、日本の過去を知って現実を知るためには、公平な史観を求めなければいけません。

実は大正時代と昭和の初年までの大正デモクラシー時代には、どんな時代についても自由に話せた時期がありました。その当時の内藤湖南や吉野作造《よしのさくぞう》などは、自由自在に日本の歴史について話せたのです。それがやがて駄目になり、そこから先は皇国史観になり、やがて軍国主義史観になっていきます。

皇国史観では、たとえば、豊臣秀吉は偉かったと書いています。しかし、そこに書いてあることは、秀吉がいかに皇室を尊崇したかということです。部分的にはそれは事実です。それまでは戦乱ですから皇室は貧乏をしていた。秀吉は、皇室にちゃんと領地をあげて、きちんと体面を保てるようにしてあげた。それは確かにそうですが、だから豊臣秀吉が偉大だというのはおかしい。豊臣秀吉は一番低い身分から身を起こして、全国を統一した。その能力たるや大変なものであり、それが偉いのです。皇室を尊崇したから偉いというと、歴史や人物論の本質が見えなくなってしまいます。

北条時代の善政をした北条泰時《やすとき》は、御成敗式目など法制度を完備した大変に立派な人として日本の歴史に残る大政治家です。歴史書によると、泰時は、承久の乱で京都に攻め上る時に、天皇を敬わなければいけないと言っています。その部分だけを引用して、泰時は偉かったということになるのが皇国史観です。

これのちょうど裏返しとして、最近のテレビの連続ドラマでは、戦後の平和主義偏向史観が見られます。

たとえば、徳川家康はただ平和を追求したと、そればかりを褒《ほ》める。これはほんとうかどうかはわからない。確かに家康は徳川三百年の太平を開きました。しかし平和を追求するために豊臣氏を滅ぼしたのかどうかはわかる由もない。三百年の歴史の政治の基を開いた偉大な政治家だけれども、平和主義者であったとは断定はできないでしょう。

それからもっとひどいのは北条時宗《ときむね》のテレビ・ドラマです。北条時宗が平和主義者になっている。これは歴史的には事実無根でしょう。皇国史観は史実の中の小さな部分をバランスを失して大きく取り上げていますが、戦後の平和主義史観は全くの荒唐無稽です。戦後の知的頽廃のほうがひどいわけです。これでは歴史とは何であるか、日本人が全くわからなくなってしまいます。

占領史観を左翼史観が引き継いだ

敗戦後の占領史観となると、これまた視点がまるっきり違います。占領史観というのは、東京裁判史観と同じことですが、過去の日本は全部悪だった、それを米軍が占領してすっかりよくしてしまったんだという史観です。

特に東京裁判史観は、満州事変以来、戦争が終わるまで日本というのは組織的に世界中を征服しようとしていて暴虐《ぼうぎゃく》の限りを尽くしたという史観です。その間の日本の過去の歴史をみんな否定してしまった。

実は占領が終わる頃には、アメリカもそういうことを言わなくなっていたのです。ところが今度は、国際共産主義がそれに乗って、占領史観を国際共産主義とその影響を受けた日本の左翼が守りました。

国際共産主義の目的は極めて明らかです。世界を共産化できれば一番いい。そのためには日本をいざという時に取れればいい。取るためには日本を精神的、軍事的に弱くさせて、日本とアメリカの同盟関係を弱くする。これさえすればいいのです。

そのために、「軍は悪である。防衛力を強化するのは悪である。それは保守反動だ。徹底的な平和主義でなくてはいけない。だから力で安全を守ろうとする日米同盟も悪だ」という言い方をするわけです。本心は、いざという時日本を取りやすくしておくためです。これは明らかなのですが表には言いません。

むしろ、「日本は無益な戦争をして国民は苦しんだ。これから二度と戦争をしてはいけない。だから平和主義に徹しなければいけない。防衛もいけないし、安保条約もいけない」と言って反自衛隊、反安保を主張しました。

戦後の護憲運動なるものは、ほんとうは存在しないのです。憲法の解釈は憲法にしたがえば、裁判所がします。ある時期、下級裁判所が自衛隊違憲論を出したことがありました。そうしたら学校で日教組の先生が、自衛隊の出身の子の生徒を立たせていじめたりした陰惨な事件もありました。ところが、その判決は上級審で覆《くつがえ》って自衛隊合憲になった。憲法の手続にしたがって、自衛隊が合憲なのですから、護憲派は自衛隊を盛り立てなければならないはずなのに、合憲になっても盛り立てない。だから護憲派というものはないので、あれは反自衛隊派、反安保派です。つまり日本は弱ければいいという立場です。左翼や平和主義者はこれを、ずっと守ってきた。

つまり占領史観を左翼史観が引き継いでしまったということです。

それが七〇年安保でだいたいかたがつき、ちゃんとした史観に戻るかと思ったら、その残党が今度は主にマスコミに入り、中国と韓国にご注進をして批判を引き出して、それで騒ぐということを始めた。それがいわゆる自虐《じぎゃく》史観です。

これが八〇年代の半ばから始まります。すると、それまではなかった国際問題となってきました。八二年以来の教科書問題と、八五年以降の靖国問題です。実はこれらは、戦後一世代経っていったんは完全に解決していた問題です。

アメリカの学者たちの中には、日本は戦後五十年間、反省もしないし謝ってもいない。だから友達がいないんだ、という言い方をする人が多い。

それでそういう人が来ると、私は言うのですが、「戦争が終わってだいたい三十年も経つと、戦争の記憶はおしまいになる。一九四五年に戦争は終わってから三十五年経った一九八〇年という年をとって見てください。その一年間であなた方のどの一人でも、日本は戦争で悪いことをしたとか、謝らなかったとか言った人がいたら証拠を見せてください」と。証拠が見せられる人は誰もいません。朝日新聞だろうと、中国の新聞だろうと、韓国だろうと、アメリカだろうと証拠はないのです。当時はもうすんでいた話ですから。

問題を日本から持ち出してどうだ、こうだと言い出したのは、一九八二年以降です。

それから二十年間、いわゆる自虐史観が荒れ狂い、今、少しはよくなりましたが、まだ残っています。

そうして見てきますと、明治維新以来の百五十年間は偏向史観ばかりです。この偏向史観を全部取り除いて、歴史の真実だけを見ようというのが私の目的です。

単に思想的偏向だけでなく、この前の戦争があまりにも惨憺《さんたん》たる負け方をして国民の受けた被害が大きかったため、どうしてこういうことになってしまったのだろう、過去の日本のどこが悪かったのだろうという善悪是非論ばかりが論じられています。歴史というのは、人間と国家が必死になって生きて来た営みが積み重なった大きな流れで、その流れの中で戦争も平和も生まれます。その善悪、是非など軽々に論じ得べくもないものです。

ドイツの大歴史家、レオポルド・ランケは「皆さんは歴史から教訓を得ようとおっしゃる。しかし、私はそんな大それたことは考えていない。私が、ただ求めているのは歴史の真実だけだ」と言いました。

つまり、歴史に解釈を持ち込むから、真実が見えなくなるのであって、何が真実かということだけをもう一度見直せばいいのです。

勝者による歴史観、戦争観

私に歴史を書く資格があるかどうかわかりませんが、年齢を加えて来て、少なくとも昔の事を語れる残り少ない世代の一人となって来たことは否めません。

戦争に敗けた時私は十五歳でした。旧制教育の最後です。旧制高校の中途で新制大学を受験しました。しかし、私の学校は旧制高校と中学との一貫教育でしたから、中学に入った時から旧制高校の雰囲気の中で過ごしていました。先生も歴史などは中学一年の時から旧制高校の先生——やがては東大教授となった先生——が教えてくれました。その意味でも旧制高校を語り継げる最後の世代です。

昔の教育と今の教育とどちらが優れていたか、絶対的基準で較べるのは難しいでしょう。特に戦争中と戦争直後は爆撃と敗戦で、先生も生徒も勉強どころではない時代でしたから、較べるのはフェアではないでしょう。しかし、私個人に限って言えば、教育はほとんど百パーセント戦前教育です。英語一つとっても、私の英語は二十歳の外交官試験まで、中学で習った英語だけです。東大の英語の授業は、戦後の荒廃でクラスの水準があまり低いので、全部欠席して試験の時以外は出ていません。その意味で私は戦前の教育だけの人間です。

同じ意味で、私の祖父は、江戸時代の人間です。祖父の初陣は数え年十六歳の時の鳥羽、伏見の戦いで、賊軍側でした。

祖父は、二・二六事件の年八十四歳で死にましたが、その時私は満六歳でした。朝、「お早よう御座います」と挨拶をして、時にはしばらく横に坐っているのを許されました。祖父は書生が開封する書簡を見ては、書生がすった墨で、さらさらと巻紙に返事をしたため、それを書生が小刀で切って封書にして祖父に手渡すと、表に宛名を記していました。これが朝の日課でした。私の祖父は、幼時から紀州藩で、和漢の学と禅学を学び、弓術、馬術という伝統的な江戸時代の武士の教育を受けた人でした。

私の持っている印象では、時代は変わっても、結局は今の人とそう変わらない、同じ日本人です。何が違っていたかというと昔は今よりも人間に身分、階級制度があって、偉い人はいつも立派な態度をしていて、まわりの人はそれを尊敬し、立てていた、という違いがあったぐらいです。

そういう私の経験を通じて私の持っている江戸時代のイメージ、明治のイメージ、大正デモクラシーのイメージ、そして昭和前期のイメージと、戦後の偏向史観が描いているイメージとの間にどうも違和感があるのです。それが、私が生きている間に、過去の日本はどういう国だったかを後世に伝えたいという一つの動機でした。

実は、私が偏向史観を直したいと考え始めたのは、日本における偏向史観というよりも、海外における対日偏見が動機です。

最近の若い人にはわかりにくいことでしょうが、敗戦直後の日本では、まだ今のような偏向史観はありませんでした。歴史書の偏向が強くなるのは、占領教育を継承墨《けいしょうぼく》守《しゅ》した左翼偏向教育の影響が強く出て来た六〇年安保の全学連世代、七〇安保の全共闘世代が社会に入り出してからです。
したがって、七〇年安保がいわゆる体制側の圧勝に終わった後、逆に、七〇年代から教育やマスコミの現場に反体制勢力が強くなり、それが八〇年代半ば以降のいわゆる自虐史観が荒れ狂う時代を作ることになります。

最近、敗戦直後占領軍から放送された「真相はこうだ」の元となるテキスト『真相箱』が、復刻出版されたのを見ました。たしかに、満州事変、支那事変、真珠湾攻撃の原因などについてだけは全部日本の責任だと筆を枉《ま》げている所はありますが、歴史の流れの叙述は概《おおむ》ね正確です。

大筋は、戦前は幣原《しではら》外交に代表されるような民主的な政府があったのに、軍が権力を奪ってしまったということです。戦前からの日本の歴史を辿ってきたアメリカの専門家の手になるもので、それなりに正確な歴史の印象と思います。

このラジオ放送には、当時の日本国民は皆反撥しました。しかし、当時の日本人が反撥したこの史観でも、戦前の日本については正当な評価をしており、その後戦後長きにわたって、日本国内の左翼勢力が維持、増幅してきた戦争裁判史観、——つまり、過去の日本はすべて悪であり、侵略主義的国家であり、敗戦によって初めて民主平和国家となった史観より遙かに客観的でした。

このように、占領が終わった頃は、戦後の偏向史観はまだ国民の間に定着しているわけではなく、誰もさして問題意識を持っていませんでした。

戦勝国史観に一石を投じたい

私が関心を持ったのは、むしろ、戦後最初のケンブリッジ留学生として、講和条約発効早々に渡英した私の目にふれた戦勝国の偏向史観でした。

近代戦争は国家総力戦ですから、国民が、戦う相手は悪の権化、自らは常に正義のために戦っていると思ってくれないと、戦争に協力してくれません。こうしてどの国でも戦争プロパガンダをします。

日本も戦争中は敵の残虐行為をひいて「鬼畜米英」と言っていました。しかし戦争が終わると、負けた側のプロパガンダは死滅しますが、勝った側のプロパガンダは歴史として残ります。

たとえば、今でも読まれて残っているガンジー伝には、日本軍の進撃を聞いたガンジーは「残虐な日本軍に対していかに非暴力で抵抗するかを考えたであろう」と書いてありました。

ガンジーのインド独立の悲願、チャンドラ・ボースに託したといわれる期待の言葉を考えると、まさに荒唐無稽と言ってよい偏向史観です。

この英国留学以来、勝者であるアングロ・サクソン史観に一石を投じたいというのが私の念願でした。日本の近代政治外交史を書き始めた時の目的は、これを英語で世に問うことでした。


ところが、敗戦後時間が経つにつれて、問題は日本国内となって来ました。英米世界における戦勝国史観を矯正《きょうせい》しようとしても、日本国内で、その戦勝国史観が日本の左翼によって維持、増幅され、日教組によって小・中学の教育にまで浸透している状況ならば、その問題解決の方が急務だということがわかって来ました。

私は『繁栄と衰退と』と題したオランダ史を書いたことがあります。オランダもまた戦勝国史観の犠牲者です。

十七世紀中葉の英蘭戦争はすべて英国側の挑発と攻撃に起因するものですが、その後の英国の世界覇権のために、英語で書かれた史書ではオランダ側の立場は全く隠されていました。十九世紀初頭、英国からの独立と自由の意気高かったアメリカの歴史家、外交官モトリーが初めて正確な歴史を書きましたが、その後また一世紀英国では無視されています。

ところが、最近でも、オランダ人と接触した日本人が私の本の内容を話題にすると、「その話はわれわれが子供の頃から何度も何度も聞いた話だ。どうしてそれを日本人が知っているのだ」と感激してくれるそうです。

世界の主流である英語社会では全く無視されていても、オランダ人はオランダの中ではそれを子弟に代々語り伝えているのです。

これを知っただけで、戦後日本の偏向教育が日本の国民精神に及ぼしている実害には慄然《りつぜん》たらざるを得ません。

日本は何時までこんな状態のままでいるのでしょうか。新しい日本が生まれて来るのは、何時のことでしょうか。それが、この本の問題意識です。

［第二章］

日本のデモクラシーの成り立ち

黒船とともにデモクラシーがやってきた

今の日本人は、民主主義というのは、当然の、普通の政治制度で、民主主義を実行していない国はどこかおかしいと思っています。また、世界的に見ても、二十世紀が終わりに近づき、社会主義が衰退して冷戦が終わる頃には、韓国、台湾、タイ、インドネシアなどのアジア諸国でも、中南米の諸国でも、更に、ロシア、東欧、中欧など旧ソ連圏の諸国でも、次々に、自由民主主義が定着して、ほんとうに普遍的な制度となり、今やデモクラシーの全盛時代を迎えています。

しかし、そうなったのは人類の歴史ではつい最近のことです。

世界史的に見ても、近代議会民主制度の元祖のように思われているイギリスでも、一二一五年のマグナカルタ、一六四九年のピューリタン革命、そしてやがて王政復古と、試行錯誤を繰り返し、それが定着するのは一六八九年の権利宣言以降です。それが大陸ヨーロッパに伝わるのは百年後の一七八九年のフランス革命まで待たねばなりません。そのフランス革命で一挙に噴出した近代化の波が極東にまで押し寄せて明治維新となり、その後自由民権運動の努力が実って議会民主制度が確立する明治憲法発布となるのは、そのまた百年後の一八八九年。そして、ソ連圏の社会主義が崩れて、中欧、東欧が民主化するのは一九八九年、つまり、ちょうど百年ずつ三百年の年月を要してデモクラシーの一人勝ちとなるわけです。

日本が議会民主主義を学ぼうとし始めたのは、ペリーが来てすぐです。

日本人はペリーが来て、初めて外国に目を開きました。二世紀半前に日本は鎖国して、その前の外国はポルトガルとスペインとかを知っていた。それから二百五十年間外国のことを知らなくて、急にまた新しく外国のことがわかった。

その間に、日本の外では産業革命があって、日本には蒸気船が来たし、外国では汽車が走っている、これは皆驚き目を見張りました。

しかし、当時の第一次産業革命の結果が作ったような物は、日本人が作ろうと思えば作る自信がありました。実物を見て、作り方さえ覚えればすぐに作れます。事実、鎖国の前にポルトガル人から鉄砲が到来して、たちまち数十年で日本は世界最大の鉄砲生産国になりました。だから機械が進歩したぐらいでは驚きませんでした。

ただ想像もできなかったのは、鎖国している間にフランス革命があって、あっちこっちに議会民主主義の国ができたことでした。実はオランダは世界で最も早い民主国家だったのですが、オランダは政治思想を持ち込まなかったので日本人はわかりませんでした。だから、民主主義政体とは何のことか全然わからない。当時の日本人の想像を絶したのです。

それでいったいこれはどういうことかと、外国の政治体勢を紹介する本が日本でどんどん出るようになる。一八五三年にペリーが来て、一八五四年にもう最初の本が出ています。それは、漢語からの翻訳でした。中国には、その前、阿片戦争があり、列強の文物がどんどん入ってきていました。その中には、ヨーロッパやアメリカの民主主義の本もありました。日本で訳された最初の民主主義の本は、そうやって中国経由で入ってきた本の翻訳でした。

徳川時代は世界でも稀な文治社会

次々に本が出た中で一番影響力があったのが、一八六六年に出版された福沢諭吉の『西洋事情』でした。ペリーが来て十三年でもう日本人による民主主義の本が出たのです。

これは三巻本で、第一巻では欧米の政治概論、君主制とは何か、共和制とは何か、専制政治とは何かとちゃんと説明し、第二巻ではアメリカとオランダの政体について語り、第三巻はイギリスの政体、それは憲法制度について説明をしています。

江戸における発売部数が十五万、大阪方面で海賊版が十万出ました。しかも当時の人はまわし読みをしました。当時の武士の総数は三十万でしたから、武士はほとんど全部の人が読んだのでしょう。そして、読んだのは武士だけではなかったでしょう。つまり、当時の知識階級は明治維新の前に、イギリスやアメリカは議会があって、選挙があって、こういう国だということは知っていたのです。

明治維新の前の日本の教育水準がいかに高かったかということです。当時の日本の識字率は世界一でした。それだけの背景があったから、そこまでいったのです。

江戸時代二百五十年間は世界で稀な文治社会だったのです。

安岡正篤《やすおかまさひろ》は、「読み物で一番おもしろいのは中国では三国志、日本では明治維新の頃の話、どうしてかというと世界で最高の文治社会が後漢の二百年と徳川時代の二百五十年だからだ」というのです。

登場人物が皆、教養人です。曹操《そうそう》や、諸葛孔明《しょかつこうめい》の話す言葉には、内容があって深くておもしろい。また、幕末で西郷隆盛と勝海舟が話し合ったりするとお互いがすごい教養人だからおもしろい。だからその時代がおもしろいのだそうです。

徳川時代二百五十年は、大坂夏の陣が終わってから、武でもって身を立てる道がないから、皆、勉強をした。勉強をして一番できる人は、たとえば、新井白石や荻生徂徠《おぎゅうそらい》のように身分が低くても総理大臣のようになれた。「男子志を立てて郷関を出ず。学もしならずんば死すとも帰らじ」と、皆そうやってものすごく勉強した。

幕末には、それだけの知的水準がありました。ですから、外国の制度などは、たちまち全部覚えてしまったのです。

集議院の失敗

ですから明治維新の直前の頃から、知識人達は日本を近代化するんだ、欧米並みにするんだ、と考えていたのです。

坂本龍馬は、海援隊の船の中で書いた「船中八策」で、徳川幕府の代わりに上下両院制度を作って、民主政治をやるんだという建白書を書きました。

明治維新ができてすぐ、革命の初期というのはどこでもそうですが、希望に燃える時期です。

だから五カ条の御誓文の第一が「広ク会議ヲ興シ万機公論ニ決スベシ」と、つまり「会議をして皆で議論をしてそこで決めるようにする。それが明治維新の目的である」と、それを宣言する。西郷隆盛と勝海舟が江戸城の開城交渉をしたのが一八六八年三月十三日、交渉が成功したのが翌十四日。五カ条の御誓文が発布されたのは、同じ三月十四日ですから、京都に残っている革命の意気盛んな連中がそういうのを書いて、西郷隆盛が江戸城を攻めている最中に天皇の方針にしてしまった。

維新直後には、事実ある程度、民主主義の実験をしました。その頃は集議院と言い、それで各藩から優秀な人を集めて、そこで議論をさせて、議会政治をやろうとした。ところが開いてみると、集まったのは今までの知識階級だったから古いことばかり言う。キリスト教をもう一度禁止しようとか、武士道を振興しようとか、そんなことばかり言っていて、結局話にならない。

これは世界的に同じで、どこでも初めての議会は駄目なのです。

トルコのケマル・アタチュルクが滅びそうなトルコを立て直して、革命をして新しいトルコを作りました。アタチュルクが民主政治を導入しようとして、政党政治をやると、出てくるのは地方の偉い人ばかりで、皆、イスラムの話ばかりする。女はみんなベールをかぶる法律を作ろうと、うるさくてしようがない。それで一旦開いた議会を閉めてしまう。それから何年かしてそろそろいいだろうと議会を開くと、また同じことだった。それでトルコがほんとうの議会制民主主義になるのは何十年か経ってから、第二次世界大戦後でした。

ソ連邦が一九九一年に解体しましたが、すぐに選挙をやると共産党が強くてしようがない。日本でもそういうことが明治の初年にあったのでした。

そもそも薩長は議会制民主主義などは考えていない、薩長が考えていたのは権力を徳川から奪うことでした。だから、こういう初期議会がうまくいかない状況の中で、すぐに薩長専制政治になってしまった。それを覆《くつがえ》してほんとうの議会民主主義に持っていったのが自由民権運動です。

日本の政治制度の伝統

一つの国の政治制度というのは民族の伝統から来ます。自由民権運動の前に、日本の政治制度の伝統を見ておいた方がいいでしょう。

日本の政治制度というのは徳川時代までは封建制度ですが、その過去の歴史の中にも、やっぱり民族の伝統があるようです。

その一つにほんとうに不思議なのは聖徳太子の十七条の憲法の第十七条です。

「独断してはいけない、一人で決定してはいけない。必ず多くの人と議論をしなければならない。小さな問題は軽いことであるから、必ずしも相談しなくてもよい。しかし大きな問題は間違いがあってはいけないから、皆と話し合っていれば、妥当な線が出てくる」

と、六〇四年に聖徳太子が言ったのです。

ヨーロッパではローマ帝国の時代に北方にゲルマン族が出て来るのですが、それが何をしているのか、タキトゥスという歴史家が見に行って書いたのが、名著『ゲルマニア』(九八年)です。これは、ゲルマンを褒めている本です。ローマがこのごろ腐敗堕落しているけれど、ゲルマン民族は質実剛健であると描写しています。その中でゲルマンの政治制度についての有名な文章があります。

「大したことがない場合は、首長が決定する、重要な問題はコミュニティ全体が決める」

聖徳太子の第十七条と同じ考え方です。

この一文は、アングロ・サクソンの民主主義の起源、要するにイギリスの議会政治の起源を説明する場合にしばしば引用されます。イギリスがどうして民主主義を始めたんだというと、ゲルマンの森にいる頃からこういうことをやっていたんだと。アングロ・サクソンがイングランドを征服して、それを持ち込んで、あとノルマンが来たけれど、アングロ・サクソンの制度がそのまま生きてきたから、こうなった。だからイギリス民主主義の基はここにあるんだということになっています。

それと同じことを聖徳太子が言った。

しかも「独断」という言葉の使い方がユニークです。聖徳太子の十七条の憲法で使われた言葉は、全部学者が調べています。いろんな言葉が使ってあるのですが、だいたいその当時の中国の古典から引用出来ます。聖徳太子は中国の古典をたいへんたくさん読んでいたのです。

私も中国の古典を辞典で調べたのですが、中国の古典で「独断」というのは全部よい意味です。十七条の憲法はたぶん「管子《かんし》」を引用しているのだろうと言うのですが、管子では「明主は、ひろく聞いて、独断す」とあります。広く聞くのはいいんだけれど、後は独断するのが名君だというのです。「韓非子《かんぴし》」になると、「よく独断する人ほど天下の指導者にふさわしい」とあります。「独断」という言葉を悪い意味に使ったものは、中国の古典にはありません。十七条の憲法で「不可独断」と書いてあるのは独創的です。

「不可独断」という思想が、東洋の国、日本にあるのは不思議です。日本の文明に中国の文明と異なる淵源《えんげん》がある、という説の一つの証拠となるかもしれません。シベリアあたりにいた狩猟遊牧民の伝統があったのかもしれません。確かに、今に至るまで日本の政治はコンセンサス政治です。

キッシンジャーが日本との外交の失敗について「日本の政治がコンセンサスで動くことを知らなかった」と言っていました。

たとえば、日本の政治は君主制ですが、大王はいない。明治「大帝」とはいうけれど、その頃のカイゼルとかロシアのニコライとは全然違います。独裁者はいない。そういう伝統がちゃんと日本にあります。

封建時代の日本の政治の基は、芭蕉が「名月の出ずるや五十一ケ条」と詠んだ、北条泰時の時代の御成敗式目にあります。北条時代は善政の手本です。いわゆる鎌倉武士の時代です。私の子供の頃、祖父や祖母の言う「善政」は北条時代のことでした。北条泰時、北条時頼《ときより》など。北条時代の善政の話は、戦前までは常識だったのです。

たとえば、裁判は十三人の評定衆でやった。評定衆になるときには必ず起請文《きしょうもん》を書きました。つまり皆、神々に誓いをたてたのです。「決して私的感情に溺れず、権力者に恐れず」「事件の関係者や一族近親の場合は退席」「一度決定された判決は少数意見でも共同責任」。

日本の裁判は伝統的に公正なのです。裁判が公正であるということは民主主義の一つの柱です。

法の支配を信頼できる日本

日本人は伝統的にお上《かみ》を信頼しています。これは世界的に稀なことです。

韓国とか中国では、伝統的に民衆は上からいじめられる事に身構えています。だから、上が言ってきたら、それに対してどう対抗するか。中国では今でも「上に政策あれば、下に対策あり」という。

韓国では朴正熙《ボクセイキ》が出て来てから少し変わりましたが、それまでは韓国の人は伝統的に政府を信頼していなかったといいます。政府の言う通りにしたら騙されると思っている。損をすると思う。政府のすることに信頼して生きているのは日本人だけかもしれません。

日本の伝統を学んだ台湾の人々が、新たに来た国民党政府軍を歓迎しに行って、ひどい目にあったという話があります。

台湾の人の話によると、中国大陸の人はどこに行ってもチャイナ・タウンを作るけれども、台湾の人は、台湾の人の方が大陸の人よりも人口が多い場合でもタイワン・タウンは作らないそうです。その土地に行けば、その土地の政府を信頼して法律を守っていればそれで良い、という考えが基本にあるからだそうです。それに較べて中国大陸の人は、いざとなる時頼りになるのは政府でなく、人縁、地縁だということで、自らの安全のために集まって住むわけです。

もう一つ面白いのは、中国文化には世界中にない特色があるそうです。それは、欧米でも日本でも広い読者層がある推理小説が、中国では発達しなかったそうです。事件の真実を徹底的に追及して、その善悪是非を明らかにする、という感覚は中国にはないというのです。中国では伝統的に名官、清官《せいかん》ならば賞罰は正しく行われますが、それは何時も期待できるわけでもなく、通常は、権力者とのコネ、あるいは財力による取り引きで賞罰が決まるので、推理小説のように真実を探究しても、かえってお上から睨《にら》まれるのがオチだということになります。

法の支配に対する信頼が日本の伝統にある。これがあるから民主主義を導入しやすかったということがあります。

法の支配に自信がないと、民主主義で誰かが権力を取ると自分が辞めた後が心配なものだから、一度大統領になると、永世大統領になったりする。それでは民主主義が壊れます。中南米などでは、初めに大統領制民主主義を導入しても、すぐ、永世大統領になってしまうのがほとんど普遍的な原則でした。それは結局、法の支配に自信がないから、権力者自身が法になってしまう。日本の場合は、法の支配に自信がありますから、権力者になったとしても自分がその権力の座を辞めても平気なのです。それが日本の政治的伝統です。敗戦と占領ですべてが崩れたといっても、そういう民族の伝統はちゃんと残っているようです。

自由民権運動の父、板垣退助の信念

自由民権運動の父と言われる板垣退助は不思議な人です。史上これほど純粋な人はいないだろうと言われている人です。

彼の親父さんは、極めて変わった人でしたが、彼も変わった人でした。潔癖性で、

「手を洗うにもほとんど手桶一杯の水を要し、旅行の際は、人の茶碗を使うのがいやで、自分の茶碗を携帯した」と自分で書いています。マイ箸どころではありません。手も何度でも一生懸命ごしごし洗うから水がたくさんいる。それがほとんど「病気」というのです。少し前に社会問題になった潔癖症だったのです。

その潔癖症で、絶対に私利私欲に走らない。自伝に「武士道の教育においては、絶対的に利（損得勘定）を卑しみ、目に利を見ず、耳に利を聞かず、口に利を言わず。心に利を思わないのを理想とした」、それが武士の本分であると言うのです。

その潔癖症は政治的な道徳にも結びついて、明治の元勲で伯爵にまでなるけれども、同僚同輩が栄耀栄華《えいようえいが》を極めて富を築いていくのに、板垣は死ぬまで赤貧洗うがごとし。だから上流階級、財閥につながっている名門「板垣家」なるものはその後残っていません。それだけお金を作らなかったら、子孫はどうしようもないでしょう。清廉潔白な人の子孫は、あまりいい目は見ないことになっています。

板垣は軍事に通暁していました。維新の戦いでも土佐の兵隊を率いて、あちこちで戦功を表しました。

会津攻めの時、官軍の主は長州でしたが、土佐の兵隊も一緒に攻めました。攻める長州軍・土佐軍の連合官軍も城に籠もって守る会津兵もほぼ同数の三千人。戦略的には攻防戦というのは守る方が人数が少なくてすむのです。それが攻守同じ数だから、官軍が勝てるかどうかわからない。しかも、もし庶民が会津藩側につくと、官軍はとても勝てないはずです。ところが会津に板垣が行ってみたら、庶民は荷物を背負って国を捨てて逃げてしまった。そこで彼は考えたのです。

「これは封建時代に上の人間が下と苦楽を共にしていないからだ。楽しみを共にしていないから、苦しいときに苦しみを共にしてもらえないんだ。今は帝国主義時代で、イギリスやロシアが日本を取りに来るかわからない。その場合に庶民が協力しなければ日本は滅びる。だから権力を分けあって苦楽を共にしないといけないんだ」

と。軍事的合理性から彼は民主主義を思いついたのでした。

そこから始まった板垣退助の民主主義です。これは一生の信念で、最後まで一ミリも変わりませんでした。日本の国というものを守るためには、民主主義でないと守れない。これはほんとうに彼の言った通りで、日清、日露の戦争で国民全部が愛国心に燃えて戦争をしたのです。

一般に軍事的合理性というのは、一度戦争に負けたら勝負がついて、そこでお終いです。板垣はその軍事的合理性から始まって理論的に、これは民主主義でなくてはいけないと信じて、これを一生の信念にした。そういう人です。彼の理論がなければ、日本のデモクラシーが成立したかどうかさえわからない重要な役割を果たしています。

聖徳太子、鎌倉時代、板垣退助で日本の民主主義が達成

今の人は、議会があって、国民が皆選挙権を持って国会議員を選出する、それが当り前の事と思っています。

しかし、歴史始まって以来人民が欲したのは良い政治、つまり善政です。その場合誰でもが考えるのは、人格、能力、識見の一番すぐれた人が上に立って、下の人の事を考えながら政治を行うことです。それは二十世紀になってからも、一部の人々がソ

連の共産主義やドイツ、イタリアのファシズムに期待したのを見てもわかります。つまり、真に人民の利益を思い、あるいは真に民族の利益を思う人による独裁体制です。

こうした人類に伝統的な考え方と違って、政治権力をなるべく広く人民に分け与えて、人民に参加させれば、良い政治となる、人々の幸せのための政治が出来るという考え方はたやすく人々の腑《ふ》に落ちるものではありません。イギリスでも、何世紀も試行錯誤をした上で、やはり民主主義しかないかな、と皆が納得したわけです。

伊藤博文も、陸奥宗光も、この理屈が腑に落ちるまで、思想的にも、政治行動の上でも長年の遍歴を経ています。

板垣は、帝国主義時代に国を守るという絶対的な命題から発して、誰よりも早く、民主主義に信念を持つようになったわけです。

日本には聖徳太子以来のコンセンサス政治の伝統があり、民主主義の基礎たる鎌倉時代以来の遵法《じゅんぽう》精神がありましたが、それだけではダメだったでしょう。その上に板垣退助という信念の人、少しのブレもないイデオロギーを得てはじめて日本の議会民主主義が達成されたといってよいでしょう。

板垣は明治の元勲ですから、中央政府に残り栄耀栄華をしてもいいのに、新政府にあきたらず、辞表を提出、郷里に戻って自由民権運動を始めました。

初めは愛国公党といい、それがやがて一八八一年に自由党と名前を変えました。これは日本はじめての本格的政党で、やがて憲政が実現したあとでも、一番人材もいたし選挙区もしっかりしていた。

それが一九〇〇年に立憲政友会となり、大東亜戦争後の一九五〇年には自由党となり、一九五五年、自由民主党になった。だから今の自由民主党の先祖は板垣退助が作った愛国公党です。

しかし、この明治七、八年頃の初期の自由民権運動では、板垣のイデオロギーはしっかりしていますけれど、あとは不満分子の集まりでした。明治政府は侍を潰《つぶ》してしまいました。幕藩体制が崩壊したのですから、侍の禄をみんな取ってしまったわけです。中にはもう一度幕府時代にもどれば良いと公言していた人もいたといいます。つまり「元侍」という失業インテリがたくさん出て、それが皆一緒になって騒いだのが、初期の自由民権運動でした。

加波山事件……偏向史観による「自由民権運動」

自由民権運動の歴史での取り上げ方に、顕著に偏向史観の本質が表れています。戦後の左翼偏向史観は、明治の自由民権運動というと、明治十七年の加波山事件などの跳ね上がりばかり大事にして、取り上げました。

しかし、これは自由党の本筋と何の関係もありません。自由党の板垣たちは、イギリス風の憲政を目標として、穏健合法的な運動をしていたのです。それに飽き足らないというか、正統派からはずれた連中が加波山に籠もって旗揚げをした。これは浅間山荘の連合赤軍の連中と同じです。わたしに言わせれば日本近代政治史――社会史は別として――において、浅間山荘事件を書く必要がないと同じ意味で、加波山事件は歴史で取り上げる必要はありません。

左翼的偏向史観では、政府に反抗し、体制に反抗をするのは善、すり寄るのは悪と決まっています。そうすると、加波山事件をやったのは善、それを支持しない板垣は悪となるわけです。

自由党なるものは本来は議会開設を目標とした政治運動です。暴力で跳ね上がるというのは、これは自由党ではない。ところが戦後の偏向史観はそればかりを重視しました。

憲法発布と議会民主政治の達成

憲法発布のときに板垣は、『自由党史』でこう言っています。

「一たび憲法が発布されると、国中挙げてまるで戦争に勝って凱旋するような気分になり、皆、永年の望みがついにかなったことを喜び、お互い慶賀し合い、一晩で、今までの抗争を忘れたような有り様だった」

と。

逮捕されていた政治犯は恩赦されました。

プロシア風の政府の憲法案に対して、アングロ・サクソン風の案を出していた板垣や大隈をはじめ、新聞、庶民まで文句なしの祝賀ムードだったことは、残されている当時のさまざまな日記や記事から明らかです。

ところが中江兆民《ちょうみん》が憲法を読んで「苦笑した」という、ただこれだけたった一つの例を引用して、戦後の史観は明治憲法をもともと誰も支持しなかった、というように書いています。

しかし、中江兆民自身、立憲君主制支持ですし、国民全部がほんとうに喜んだのでした。

実は、議会民主政治を平和のうちに達成したのは日本だけです。

イギリスの憲法政治がほんとうに確立するのは、名誉革命でした。英国議会がオランダから進攻して来たウイリアム三世を軍隊とともに歓迎したのです。

その百年後のフランス革命は、おびただしい流血を伴っての革命でした。

日本だけは開明的インテリの率いる国民運動である自由民権運動で、平和的に作られたことは、極めて珍しい、とてもおもしろいことです。

第一議会……ほんとうのサムライ・デモクラシー

こういう背景の中で生まれた第一議会は、今から思うと、ほんとうに夢のような政治でした。ほんとうのサムライ・デモクラシーだったのです。

戦前の日本の政治家達の回顧録によると、もっとも公正に選挙らしい選挙が行われたのは第一回と第二回の選挙だけでした。

それによると、どうして第一回の選挙が理想的に行われたのかというと、もともと日本人は清廉潔白《せいれんけっぱく》な国民性であって、不正な手段による選挙の腐敗など、誰も知らなかったからです。それから立憲政治に対して、国民が皆、期待と熱意を持って、これで日本という国がよくなると信じていました。日本中がそうだったので、今度はそれぞれの県が自分の県から、他の県に負けない学徳の備《そな》わった一流の人物を選ぶ競争になった。したがって自分から進んで候補者になるなどという人間は、品性下劣であると軽蔑された。どの候補者も皆、周り中から推薦されて断りながらの立候補でした。

つまり迷惑がる立派な人物を、皆で無理矢理に押し立てて選挙をしたというわけです。費用も全く自弁で、しかも候補者には出させず選挙民が負担をしました。

第一議会で予算委員長になった大江卓《たく》は、かつて反政府運動をやったので国事犯で岩手県の監獄にいました。岩手県の人々は、「かかる天下の名士を岩手県が有することは郷党の名誉である」と言った、つまりこういう立派な人が地元の監獄にいるというのは岩手県の名誉だということです。それで明治二十三年、第一回の選挙になると、岩手県の人が上京し、大江の所に来て、立候補を促しました。

大江は「そんなくだらない商売は嫌だ。頭を下げることも下手だし、口先も上手ではない。もとよりお金もないから、使いようがないぞ。おまえ達が勝手に当選させてくれるならやってもよい」と言いましたが、岩手県の五区から当選しました。第二回の選挙でも無理矢理に立候補させられました。ところが第二回の選挙は、第一回とは違って政府側が大干渉をしたのに、その中で一度も選挙区に帰らない大江は、当然のことながら落選します。すると、その後も選挙民から「せっかく岩手県五区が閣下のおかげで名誉の選挙区となったのに、我々の運動がうまくいかず申し訳ない」と詫び状が来たということです。今考えるとまるでお伽話のような世界です。

和歌山二区からは二人出ることになっていました。一人は決めたけれど、もう一人いい人がいない。さんざん探してある立派な人が見つかりました。当人には無断で担ぎだし、選挙費用も全部皆が出しました。すると当選した人が「こんなに世話になったら申し訳ない。その上に月給まで貰っては申し訳ないから、歳費だけは寄付する、いらないから皆に返す」と言う。そうしたら支持をした連中が、「我々が選んだ代理の人間だから、その人からお金は貰えない」と言う。さんざん押し問答をした末に、歳費は全部、ある慈善団体に寄付をしてけりをつけました。

つまり、日本の伝統的美風をそのまま民主主義に活かしたサムライ・デモクラシーだったのです。これが続いたら、日本のデモクラシーは世界最善だったでしょう。もともと議会民主制度は代議制度です。つまり選挙民が「この人なら国政をまかせても良い」と思う人を選び出して、自分達の代表とする制度です。その意味で初期議会は真正のデモクラシーでした。ところが、これが崩れるのです。

どう崩れるかというと、第一回の議会では政府側は、陸奥農相、議会では板垣、大江などが協力してうまく行きましたが、薩長、特に薩摩の連中から言わせるとこれは屈辱でした。

最初の議会……土佐派の裏切り

一八八九年（明治二十二年）に最初の議会は政府が予算案を出すと、民党は九百万円削減を提案しました。これは全予算の一割削減です。今まで専制政治ですから、どうせ勝手な税金の使い方をしてきたに違いない、それでなんでも一割切ってしまえということです。

しかし板垣の土佐派は、日清戦争が近いから、軍事費だけは削減をしてはいけない、と、六百万円だけの削減を提案します。しかし、土佐派以外の民党は、それまで政府に弾圧された恨みが溜まっていますから、一歩も妥協をしない。それで土佐派は国のためにはこれを成立させなければいけないと、土佐派の二十六人が六百万円の削減の政府案を支持しました。

当時の予算委員長は土佐派の大江卓でした。彼の回顧録『大江天也伝』には、当時の民党についてこうあります。

「私と民党との間で意見の相違があった。民党は一から十まで政府に反対で、そうでなければ男らしくないという気持で満ちていた。予算の内容を詳細に検討して、それぞれの項目について是々非々というのは民党の立場ではすこぶる難しいのである。自分は、予算そのものより、立憲政治の大局を考えていた。外国人の間では、日本では立憲政治は尚早である、東洋において立憲政体は成功しないとの議論も少なくなかった。自分はまず第一議会において、日本人にその能力があることを示すために、是々非々により議会と政府の間の妥協をはかろうとしたのである。……特に私が陸海軍の予算を一銭も削減しなかった理由は、それから三年も経たずに日清戦争が起こり、わが陸海軍がそのためにいかに働き得たかを見れば、説明の要もないと思う」

この一件は「土佐派の裏切り」と言われ、戦後の歴史ではたいへんに評判が悪い事件でした。民党というものは、あくまでも政府に抵抗しなければいけない、と。しかし、もともと板垣は国を守るために民主主義でなくてはいけないと言っているのですから、これは板垣の考えた正攻法だったのです。自分が党主である自由党を離脱してまで、国のために軍事予算を守るというようなことは板垣のような純粋な人にだけできることです。

これで政府予算は六百万円の削減で通り、第一議会は無事終了しました。

ところが、時の内務大臣、品川弥二郎は民党にしてやられたということで屈辱に思った。それで品川弥二郎は第二議会の後、第二回総選挙の時に、むちゃくちゃな選挙干渉をします。彼が言っているのは、

「第二議会の際、破壊主義の徒、横暴《おうぼう》の議論を逞《たくま》しくし、あえて天皇の大権を侵犯せんとし、（つまり予算案に反対したことでしょう）ために衆議院は解散を命ぜらるるに至れり。次いで臨時総選挙を行うの際、余はあたかも内務大臣の任にあり、もし破壊主義の徒をして再び当選せしめれば、国の安全を保持するにおいて大害ありと認め、すなわち、この徒を退けて忠良の士を挙げんために、あらゆる手段を施して選挙に干渉せり。ひとり既往のみならず、将来同様の場合に際会せば、また必ず選挙干渉を行

い、神明に誓って、破壊主義を撲滅せんことを期す」

この人は吉田松陰の門下で、個人的には人格高潔。全く私心のない人だったようです。自分の身の回りについては天地に俯仰《ふぎょう》して恥じるところがない、そういう人でしたが、ただ議会民主主義というものに全く無理解で「民党は国家の公敵、不忠不孝の徒であり、その撲滅こそ君国に忠なるゆえん」などと言うのですから箸にも棒にもかかりません。

むちゃくちゃな選挙干渉をした。知事自身が仕込み杖を使って刀を振るったり、殺人、暴行、脅迫、さまざまな衝突があり、四百数十人の死傷者が出ました。ほんとうに第一議会のサムライ・デモクラシーのままだったら、大変にいい国だったのに、薩長が選挙干渉をしてしまった。いったん干渉が始まると、はじめは警察力による威嚇《いかく》、脅迫だけだったのが、大規模の資金を投入しての金権選挙になり、それがやがて買収や利権につながって行くことになります。

そうでなくても、選挙干渉が始まった途端に、もう、よほど権力に抵抗する信念のある人以外は、普通の良識ある人は立候補しなくなります。

大選挙干渉の際に、明治天皇が御心配のあまり、「いかにすれば善良なる議員を多数選出し得るや」と問われたのに対して、伊藤は「聖慮《せいりょ》といえども、善良なる議員のみを選出することは困難」と奉答し、その理由として、「こういう騒然たる選挙の中に身を投ずることは立派な人達は好まないからである」と証明しています。

選挙に出ても、演説には意図的な野次、妨害がある。家族、支持者にもいやがらせがあるような場合、よほどの政治的動機がないかぎり、まともな人は立候補しないでしょう。

立派な人を選出させるにはどうしたら良いのか、これは世界中すべての選挙に共通の問題ですが、日本だけは、第一回選挙において理想的な選挙を達成したのです。民主主義の大原則は、いかなる干渉もない民意を尊重することにあります。第一回選挙の美風をそのまま育てれば、日本は世界最善美のデモクラシーを達成できたのかもしれないのに、この民主主義の原則に無理解な干渉で、その芽を摘んでしまったのは惜しんでもあまりあります。

明治憲法はこうしてできた

西南戦争以降武力による反政府運動がなくなった後、これに代わって自由民権運動が燃え上がります。明治十四年頃にはそれが爆発して、国中騒然となって議会を作れ、議会を作れと大騒ぎになりました。時の政府は、政府の各幹部に建白書を出せと言います。

その中で伊藤博文の建白書が一番優れていました。彼は議会政治がよいとか、悪いとか、そういう抽象的な議論をしないで情勢判断をしたのです。民主主義は世界の趨《すう》勢《せい》で、のがれられないことだと、こう言いました。

「これは百年前にフランス革命が起こってから、およそ、その影響を蒙《こう》むらない国はなく、世界の人勢ができてしまった。国によっては旧い体制から新しい体制に移るに際して、混乱を来し、いまだにそれが続いている国もあれば、指導者が事態に先立って手を打ってむしろ国が安定している国もある。しかしいずれにしても専政をやめて、政治の権力を人民に分かつのは逃れられないところである」と。そして伊藤は、「明治二十三年に憲政を実施する。そう決めるとちょうどいいのではないでしょうか」と言って、自分で明治二十三年に憲政を実施すると、詔勅案を書いて政府の方針にさせました。

憲法発布は明治二十二年だけれど、選挙をして議会を開いたのは二十三年です。九年後に国会を開設すると約束して、敵も味方もその約束を誰も疑っていない。他の国ではとてもそうはいかないでしょう。全く日本人はお互いを信用しています。板垣も伊藤もお互い信用している。約束を変えるという議論は、政府内でも全く出てこない。日本人の信頼関係です。

同時に、自由民権運動を弾圧するのですが、それで運動が急に収まるのは、将来の憲政を約束して決めたからです。九年後に議会民主主義が実現すると決まれば命を張ってまで運動をする必要はない。おさまらないのはもともと政治目的というよりも欲求不満を発散したい人々ですから、そういう人達は加波山などで暴発しますが自由民権の大勢とは関係ない。

同時に詔勅で、伊藤博文を憲法の勉強にヨーロッパに出す。伊藤博文がまるで書生のように真面目に勉強をする。それでプロシア憲法を習って、これはよいと決めるのです。

伊藤博文はもともと実務家です。ものすごく健康で、睡眠が四、五時間ですんだと言われます。しかも、起きている間はいつも機嫌がよく快活だった。どんな事でも面倒がらずに、どんどん走り回ったので、岩倉具視《いわくらともみ》とか大久保利通《おおくぼとしみち》とかはほんとうに重宝した。それで出世をした人です。

一般にはそういう人はあまり物を考えないのですが、その人がほんとうに憲法に打ち込んでヨーロッパで勉強をして、日本に帰って来てからも、皆を集めて夏島という所で合宿して、その合宿も朝から晩まで食事をしている時以外は、憲法の議論をしたという。それで憲法を書き上げた。だから、それだけの実務家でいながら、憲法思想については明治で最高の人なのです。それが偉大なのです。

明治の人というのは、そういうところがあるのです。

生まれつきの性格の他に、いろんな修練とか環境で自分を鍛え上げて、もう一つの人間ができるということでしょう。

明治憲法の大きさ

ところで、これも戦後の偏向史観により、明治憲法は全く民主的ではない憲法のように思われていますが、十九世紀の憲法として先進的に民主的な憲法でした。

そもそも戦後の言論や結社の自由、婦人参政権、労働組合法、農地解放などは、占領時代の洗脳とその後の左翼教育によって、新憲法の恩恵のように思われていますが、これはあとで述べるように、全部明治憲法下で実現されたものでした。明治憲法の下では、自由と人権はすべて「法律の定める所に従い」ということになっていますから、非常時体制の下で統制が厳しくなれば制限が大きくなり、戦争が終わって平和時になって非常時体制の制限が廃止されればおのずから、自由と人権尊重になるという仕組みになっています。

手本として選んだプロシア憲法は予算を政府が勝手に決めてよいのですが、明治憲法はそれをそのまま真似ず、前年度の予算を増額する場合は国会の承認がいるようにしました。

ところが明治時代というのは日本が伸びている盛りですから、増額を議会の権限にしてしまったら、動かない。それで予算審議の度に議会が主導権を握る。それが大東亜戦争中もずっと続いた議会の強さです。予算をちょっとでも増額する場合は、議会の承認がいる。これでもう独裁政治ができない。

プロシア憲法のもとのプロシアでは、宰相であるビスマルクが、野党が議会で予算に反対をしても通してしまう。

予算は国王の大権だから、それができたのです。それに反対したら何度でも議会を解散する。何度も議会を解散されると議員はつらい。そうやって統治したわけです。プロシア憲法を作ってから第一次大戦までの間に、ドイツは政党内閣が一度もできていません。

ところが、プロシアの真似をしたはずの日本の場合は、すぐ政党内閣ができた。これはやっぱり、予算の増額を承認する権利を議会が持っていたからです。

政党政治はどうやって出てきたか

そこで次は、どうやって政党政治が出て来るか、その後どうやって日本の憲政を運用したかです。

初期の議会で政府は、議会の操縦に大変苦労します。何としても予算案を通さなければならないけれど、予算を増やす権利は野党が持っているのですから。

はじめの一、二回は、政府の議会対策の中心は陸奥宗光でした。

陸奥は、その頃は農林大臣で、その後、伊藤内閣で外務大臣となります。

この人は明治十年の西南事件の時に土佐派と一緒になって、反政府運動をやり、それで、大江卓などと一緒に皆監獄に入ってしまいます。その時以来の陸奥と土佐の関係で、第一議会以降は政府と土佐派が連携をして乗り切ります。また初代衆議院議長は、陸奥の義弟の中島信行《のぶゆき》、二代目は陸奥の子分の星亨《ほしとおる》でしたので、連繋プレイがうまくいって何とか切り抜けましたが、常に薄氷を踏むような議会運営でした。そうやっているうちに一八九四（明治二十七）年に日清戦争が始まり、国中が愛国精神で結束して反対も何もなくなり、予算案を全部通してしまうようになります。

それを戦後の史観は民権運動が国権運動に、民権から国権に変わったことを嘆くのですが、もともと、板垣の初めの考えから言えば、国権のための民権、国を守るための民権ですから何の不思議もない。結局、板垣の初心である、国を守るための民主主義が成功したということです。

ところが日清戦争が終わると、これがまた難しくなります。

それでしばらくの間、伊藤博文が自由党と提携して、伊藤内閣の時は自由党が一種の与党になってそれを支持する。こうして政局を運営するようになりました。

伊藤博文は初めは自分の率いる政党を作ろう、「俺が政党を作ればそれくらいできる」と思った。ところが全然違いました。日本の政党というのは自由民権以来のはっきりとした基盤があって、伊藤博文が作ろうとしたってできるはずがなかったのです。

何年か経験しているうちに、これは板垣と提携しなければいけないというのがわかるや、伊藤博文は変わり身が早いですから、板垣と提携をして、板垣を内務大臣にして伊藤内閣を作りました。そうなると、薩摩派も改進党と提携をしなければ損だと思い、改進党と提携をして次には山県内閣を作るのです。

大隈、板垣の政党内閣誕生

そうやっていると、今度は民党が代わる代わる提携させられるだけでは損だということになって、政党内閣を作ろうとする。それで大隈、板垣内閣ができるのです。ほんとうは自由党の方が伝統もあり強いんだけれど、板垣は人がいいですから「まあ、いいや」と言って大隈内閣にした。

これを実現させるかどうか、藩閥は気にしました。政治権力を取られてしまいますから。山県は反対なのですが、伊藤博文はやらせろと言って、政権をまかせる。これがまた伊藤の考え方の柔軟なところです。この政府は準備不足で短命に終わりますが、ドイツ帝国では第一次大戦まで一度もできなかった政党内閣が、わずか八年で出現したことは特筆すべきです。

ただ、その時に山県が後々まで影響することを二つしました。

一つは一九〇〇（明治三十三）年に制定された軍部大臣現役制です。陸軍大臣、海軍大臣は現役の軍人でないといけないということです。これがほんとうに、最後の最後まで日本の政治の障害になります。つまり陸軍が大臣を出さないと言ったら、政府は出来ない。よく統帥権の独立が国を滅ぼしたといいますが、それよりも一番の問題は軍部大臣現役制でした。

この軍部大臣のおかげで昭和の政治は軍の意向に反対できないことになり、大東亜戦争へと向かう一因となります。

それからもう一つは、その前年、一八九九（明治三十二）年に制定された文官任用令改正です。それまで役人というのは藩閥が自分の知人親類を勝手に任命して、そのメンバーで政府を作っていました。それをちゃんとして、政党が口を出せないように、公務員試験で採用することにしたのです。

今までは藩閥が勝手に任命をしたのに、政党の内閣が出来た途端に、政党内閣がそれをしてはいけないということになったので、政党は怒る。怒るけれど、それは欧州の先進国はすべてその制度です。日本も今でもそのままです。

その後やがて日露戦争になって、挙国一致内閣がずっと続くようになります。日清戦争が終わって、伊藤は政府を離れて政党党首になりました。それが立憲政友会、その中心が元の自由党です。そこから立憲政友会時代になります。日露戦争が終わってからは、立憲政友会の総裁は西園寺公望《きんもち》になります。政党内閣でない藩閥内閣は桂太郎が率います。これが代わる代わる政権をとるので、これを桂園時代といいます。

大正政変

明治天皇が亡くなって、まだ喪中、諒闇《りょうあん》の最中に大正政変が起こり、一九一三年二月に桂内閣が潰《つぶ》れました。

これはどういうことかというと、日露戦争のすぐ後でロシアがいつまた攻めてくるかわからない。報復戦がある、それで四個師団を増やそうと陸軍が言う。けれども戦争が終わったばかりでお金がないので、一応二個師団を増設しましたが、陸軍はもう二個師団欲しいといいます。それを桂内閣が、即位したばかりの大正天皇の詔勅を乱発して、無理矢理に作らせようとする。それで皆が怒ったのです。国会を取り囲んで大騒ぎになって、それで桂内閣も潰れてしまう。明治時代がたちまち遠い過去になって、大正の政治の時代にその時から入ってしまう。それを大正政変といいます。

大正政変から真の政党政治である大正デモクラシーまでは、まだ若干時間がかかりますが、広い意味では、これが大正デモクラシーのはじまりといってよいでしょう。しばらくは、何をやっても立憲政友会が強い。そこで藩閥側は、立憲政友会を潰そうと考える。もう伊藤もいないし、西園寺も大正政変の時に潔くやめています。しかし、これを潰すにはもう藩閥政府の力ではどうにもならないので大隈重信をたてて、大選挙干渉をする。

大隈重信は早稲田を創った人ですが、この人は思想のある人というよりも、むしろプロパガンディストでポピュリストです。とにかく何でも「我が輩は……であるんである」という愛嬌のある人だった。それで大隈をたてて政友会潰しをやる。この時の選挙干渉が金にあかした選挙干渉で、その時から買収とかを平気でやるようになった。選挙にお金がかかってもしようがないとなったのが、この時からです。やっぱり一度腐敗すると直らなくて、その時の腐敗が今でも続いているのです。

一つには大戦景気で、至る所にお金がジャバジャバあった時代でした。また大隈内閣も大戦景気で国民の景気がいいものですから、わりあい長持ちをする。

結局もう時流はそういうポピュリスト、プロパガンディストでないと政友会に勝てなくなっていた。つまり事実上、民主主義には抵抗出来なくなっていたということです。

だけど山県有朋《やまがたありとも》が頑張っていまして、なかなか政党に政権を渡さない。その山県が、ついに政党に政権を渡すのですが、その原因はロシア革命です。

一九一七年ロシア革命があって、一八年に米騒動がある。米騒動というのは要するに、その頃はインフレですからお米の値段が上がってしようがない。それで貧乏な人が皆困ってしまい、おかみさん達が米屋に値上げをするなと騒いで騒動を起こすのが米騒動です。これは新聞が過大に報道をしたことにもありますが、実際は、日本人はちゃんとしていて、米騒動に加わった人は米屋を襲撃してお米を持って行くのですが、ちゃんと値上がりする前の安い代金は払っています。それが全国に広がって大騒ぎになったのです。

本物の政党内閣……立憲政友会内閣

その時に西園寺公望が、もうそろそろ原敬《たかし》でいいじゃないかと言って、原敬が総理大臣になる。それで出来たのが原敬内閣、一九一八年。これが事実上初めの政党内閣です。立憲政友会内閣。

原敬内閣は、陸海軍大臣を除いては全部政党人、あるいは政友会に関係した人ばかりの、ほんとうの政党内閣でした。

原敬内閣は三年一カ月続きます。

一般の印象はむしろデモクラシーの醜い面が全部出たという感じでした。それは国益よりも党利優先とか、それから政党員による猟官《りょうかん》、役職ポストの取り合い、利権漁《あさ》り、汚職、政党の間の足の引っ張り合い、これはみんな現代の日本の政党政治ならば、普通にやっていることです。ところがそれまでは薩長の侍達の専制ですから、一応は皆清廉潔白だった。悪いことをする奴はいるけれど全体としては少ない。ところが政党政治なるものが急に出てきて、政党政治の悪い面を全部見てしまったものですから、国民は失望しました。

大正十二年八月の東洋経済新報によると、大正時代になってから世論はずっと政党政治を熱望してきたが、原、高橋（是清）の両内閣の政党政治の実態に触れると、党弊があまりにひどいので、「政党政治を呪詛《じゅそ》する」に至っていたと書いています。吉野作造は、原敬が死んだあとの高橋内閣の末期に次の内閣をどうすべきか議論をして、「憲政の常道」つまり多数党が政権を担当すること、それで現在の政治を律するのは「瀕死の病人に常人の養生法を勧めるよりも無理な話である」と言って、現在それを説くのは「僕の厚顔をもってしても、なお甚だきまりが悪い」とまで書いてある。

ほんとうに政党政治に皆がっかりしてしまったのです。これが議会政治か、政党政治かということです。それまでそういうことがなかったからです。

サムライ・デモクラシーのままで政党政治ができたらよかったのですけれど、それがその後、特に大隈内閣の時にものすごい腐敗選挙でもって、お互いに選挙にはお金がかかるし、お金のためには何をしてもいいという状況になったものですから、政治が一挙に腐敗して、それで国民ががっかりしてしまったのです。サムライ・デモクラシーをつぶしたのも藩閥、政治を腐敗させたのも藩閥、そういう気でやったのではないとしても、デモクラシーに対する全くの無理解が生んだものです。

デモクラシーの本質

そこでデモクラシーそのものの本質に触れなければいけません。

ここではウィンストン・チャーチルがもっと複雑な言い方で言っていることを、簡単に紹介しましょう。「デモクラシーというのはどうしようもないひどい政治である。けれども今までに存在したいかなる政治制度よりはましな制度である」、と言っています。これはイギリスが何世紀もかかって達した政治哲学です。クロムウェルの一種の民主独裁政治も経験しているし、その後の王政復古も知っている。そうした経験の上の一種の諦念です。民主政治とはこんなものであるという諦めです。だけど他に何かがあるかといったら、その他のものよりはまだましではないかと。諦めの念がないと民主政治というのは保たない。

民主主義の代わりは、必ずある意味の独裁政治、つまり善政政治です。吉野作造が、その頃、書いていますが、「民主主義に代わるものといえば、旧式な善政政治である。レーニンの共産党政権。それからムッソリーニのファシスト政権」。真に国を思う人間、あるいは真に人民の為を思う人間による独裁。どうしてもそっちに流れます。

当時の日本の場合は、大正デモクラシーが駄目になった後は、清廉潔白で凜々しい軍人の方がいいんじゃないかということになって、やらせてみたら、ひどいことになった。やっぱりしようがないんだなあと、戦後反省して、現在の民主政治以外にないということです。つまり、今の日本はほかに選択肢がない。という意味で今の民主主義は強い。

護憲連合の圧勝が大正デモクラシーの始まり

しかし、原敬の政党政治の後の頃は国民の心の中に、まだ、選択肢が二つありました。

一つは藩閥政治に戻ること。

藩閥政治が日清日露の戦争に勝ったのです。大日本帝国を作ったのだから、そんなに悪い選択ではない。それからもう一つは将来の軍人の政権です。

それで原敬内閣の後、藩閥政治に戻ります。藩閥というより超然内閣といって政党と関係のない政府です。原敬の後は、まず加藤友三郎《ともさぶろう》、その次は山本権兵衛《ごんべえ》、超然内閣です。加藤も山本も相当立派な人物でしたから、国民はそれでいいと思った。そこまではべつに国民は反対をしなかったのです。

ところがその次に清浦奎吾《きようらけいご》という人を総理大臣にする。清浦奎吾というのはごちごちの保守派で、だいたい閣僚は皆、貴族院議員というむちゃくちゃをやるものですから、それで皆が怒ってしまう。

そこがデモクラシーの復元力で、じゃあもう一度デモクラシーということで三派内閣というのができた。これは政友会が半分に割れて半分は清浦内閣に迎合するのですが、そうではない残った政友会、それから加藤高明《たかあき》の憲政会。それから犬養《いぬかい》毅《つよし》の革新クラブ、この三つが結束したのが、護憲連合です。

この三派が議会で清浦内閣に反対をするものだから、清浦内閣は解散をする。今までの例でいうと、政府が議会を解散すると、次の選挙では政府党の方が勝つのが通例でしたが、今度は護憲三派が圧勝をした。日本のデモクラシーが政府権力ではどうにもならない強さを持つことを示したのです。これが完全な意味での大正デモクラシーの始まりです。これは大正十三年ですから、ほとんど昭和ですが、それから八年間がほんとうの政党政治です。大正元年の大正政変以後を広い意味で、大正デモクラシーといえますが、その後が、行ったり来たりして、ついにこの八年間は完全な政党政治になりました。

軍への批判

大正十年に原敬が死んで、半年経たないうちに山県有朋が死にました。山県有朋が死ぬと、まるで地獄の釜の蓋が開いたように議会や世論が軍を批判する。山県が死んですぐに制定された決議は、陸海軍大臣現役制の廃止です。「これは立憲政治の本義を乱し、軍の跋扈《ばっこ》もここに胚胎《はいたい》する。政府は宜しく速やかに官制を改正して、憲政の健全なる発達をきすべし」というものすごく激しいものです。

もし原敬が生きていたら、直ちにこれを実現した。ところが、高橋是清《これきよ》が実現する力がなかったのです。原敬は秘かに参謀本部を廃止しようと思っていたけれども、それは山県が死ぬまで駄目だった。ところが原敬は山県よりも半年前に死んでしまう。これはほんとうに惜しいことでした。

その頃、大正十一年頃の状況は、電車に乗るのも軍服で乗るのは気が引けて人混みはなるべく平服で行くような状況。だから戦後の日本みたいです。名のある女学校の卒業生は軍人のところへはお嫁に行かない。そういう時代でした。

実は戦後の日本よりもっとひどい。自衛隊も制服だと税金泥棒と言われるので、電車に乗る時は背広の時期があった。気骨のある自衛隊員の中にはわざと制服を着て満員電車に乗って、税金泥棒と言われると相手をホームに引っぱり出して殴った、そんな話も聞きました。しかし、大正の反軍時代は停車場で軍人が俥屋を呼ぶと、俥屋に「歩いたらいいでしょう」と言われた。今は制服の自衛官がタクシーに乗ろうとして「あなた歩きなさい」とは言われないでしょう。それから兵隊といえばいかなる博徒といえども恐れて手は出さなかったけれど、その頃は博徒の方から軍人にケンカを売るようになった、と言われた。そういう時代でした。

日本のほんとうのデモクラシーの二大政党時代

その中で、護憲三派内閣の陸軍大臣が宇垣一成《うがきかずしげ》、この人が軍縮をする。その前からとにかく第一次大戦が終わって軍縮時代に入るし、日本の大戦景気も終わってお金もないし、軍縮はどんどんやって来た。ただ宇垣軍縮は四個師団を削減しました。四個師団を削減するということは、十六歩兵連隊削減です。連隊はそれぞれ、日清、日露の戦勲ある連隊旗を持っていて、その町の誇りです。自分の町に連隊がなくなってしまう。連隊長のポストがなくなってしまう。師団長のポストが四つなくなってしまう。

そうすると、今度はそんな軍をいじめてはいけないと各方面から請願とか抗議が起こった。

やっぱりデモクラシーですから、両方とも民意の自然の発露です。国民はその時は完全に自由でした。要するに、すべて民意だったのです。

戦後の偏向教育を受けた日本人は、敗戦による米軍の占領と新憲法がなければ、日本はいつまでも軍人の横暴の下にいたと思っています。

ここに歴史の重要性があります。愚者は経験から学ぶ、賢者は歴史から学ぶといいます。大正の反軍時代を、成人として経験した人はもういません。今生きている人が実際に経験したのは満州事変以後の非常時体制だけです。それを過去の日本のすべてと思うところから間違いが生じます。

日清、日露の大勝利の後、大日本帝国の絶頂でもこれだけの反軍感情が生まれる潜在力がある国です。むしろ、戦後は、占領軍の統制がなければ、もっとひどい反軍感情が旧軍人を虐待した可能性すらあります。そしてそのまた反動が来た時に、日本民族は自らのバランスを回復していたでしょう。そうした民族の自発的意思が奪われていたのが占領時代でした。

大正デモクラシーというのは護憲三派内閣以降の八年間です。その時の日本はほんとうのデモクラシーです。軍を完全に抑えていましたから。何もかも政党政治。しかも政友会と民政党の二大政党が代わる代わる政権をとった。

東京裁判史観、東京裁判の「平和に対する罪」の訴因第一は共同謀議です。田中義《ぎ》一《いち》内閣以来、共同謀議があって、世界を征服する計画があり、それに従って着々と侵略をしたという。ところが田中義一内閣のすぐ後は、また民政党内閣ができた。外相は幣原喜重郎で、平和主義外交をやった。まだまだ行ったり来たりしたのです。だから東京裁判の共同謀議史観というのは全くの間違いです。

この時はほんとうにデモクラシーでした。

私はその頃の政治家達を覚えていますが、今の政治家と何にも変わらない、やっていることも選挙区の情勢も全く同じことです。

だから占領の時にライシャワーなどは、大正デモクラシーを復活させればいいんだと主張し、またその通りになったのです。

日本のデモクラシーの最期

その大正デモクラシーがなぜ崩れるかです。

一九三〇年にはロンドン軍縮をめぐって統帥権干犯《かんぱん》問題が提起されましたが、その時は浜口、幣原の議会民主主義派が完勝しています。ほんとうに崩れるのは、具体的には、結局、満州事変です。満州事変が始まって、石原莞爾《いしはらかんじ》の指導でもって満州軍がたったの一個師団で全満州を占領した。国民は興奮し熱狂してしまって民政党の軟弱内攻を批判して、軍への期待と信頼が高まり、もう政党政治に見切りをつけてしまったのです。

実はその前の田中義一政友会内閣はかなり強行路線を出した。ところが田中義一内閣の後で、選挙をしたら今度は民政党が圧勝する。やっぱりこんなことをやっていたら、あぶないということです。まだまだデモクラシーは正常に機能していました。それで幣原外務大臣が平和外交をやった。

ところが満州事変の後で選挙をすると、今度は政友会が圧勝する。これは国民が右傾したわけです。政友会は右派ですから。これもデモクラシーの下での民意の表明です。ところがそこで犬養が暗殺されてしまう。その後も政友会は多数党ですから政権は当然政友会に来ると思ったのですが、犬養が暗殺されるまでの段階でもって、政友会にまた政権が来たということで、政友会党員が利権争いをやった。それで新聞も国民も囂々《ごうごう》と非難をして、もう政党内閣の時代ではないという。それが趨勢《すうせい》になった。

たとえ政党内閣を作っても、陸軍は世論を背景に大臣を出さなかったでしょう。

どうせ政党内閣は成立しないだろうという見通しもあって、西園寺が海軍の軍人で比較的穏健な斎藤、岡田を次々に総理大臣に任命しました。

それからあと、戦争が終わるまでは、政党内閣なしです。それが日本のデモクラシーのお終《しま》いです。


ただ、ファシズムとか共産党は一党独裁ですが、それは日本では一度も出来ていません。最後まで議会があって選挙があった。戦時中でも民政党の斎藤隆夫とか政友会の浜田国松とかは議会でもって自由な言論で堂々と政府攻撃をやる。けれども国民も新聞も、そういう人にはものすごく冷たかったのです。古い政党人が何を言うかと。でも少数の声だけれども、それをちゃんとしゃべらせたという意味で、デモクラシーは死んではいなかったのです。

昭和十三年というのは国家総動員法を作った時です。その紀元節がちょうど憲法発布の五十周年ですから、これは憲法の精神に反するといって国会でも反対の声がありました。石橋湛山《いしばしたんざん》が社説を書いています。伊藤博文の憲法義解を引用して、「憲法の下で国民は法律の許す範囲では自由を享受できる」と。国民は自由をもっているんだということを讃えて、「ドイツにもイタリアにもすでにない憲法の恩典に日本は浴している」、これが石橋湛山の社説です。戦争中にもそういう発言はまだあったのです。

戦後のデモクラシーの復活

戦争が終わってから、デモクラシーの復活がありました。

戦前の日本を知っている人は、大正デモクラシーを復活すればいいと思っていたのです。

日本が戦争に負けそうになって、アメリカでは戦後の日本をどうしようかということになった。戦争に負けた年が一九四五年、昭和二十年です。その年の四月にローズベルトが死ぬ。死んで、トルーマンが秘密の金庫を開けるとヤルタ協定が出てきます。ヤルタ協定はドイツが負けてから二、三か月でソ連が参戦する、それで樺太・千島までソ連にやってしまおうと書いてあったのです。

それを見て開戦までの駐日大使だったグルーは驚いて、これは一刻も早く日本を降伏させなければいけない。日本を降伏させるのには、天皇陛下の命令なら降伏できる。天皇制をちゃんと守るという条件で降伏勧告を出そうとグルーは考える。それは国務省内では、後にグルーの後任となるアチソンなどは猛反対なんです。天皇制をつぶせ、徹底的に日本をつぶそうという。国務省の中が反対をするけれど、みんなが反対をしても自分でやるんだと言って、自分の判断でグルーが上へ持ち上げて、トルーマン大統領の所で閣僚級で議論をする。その時スチムソン陸軍長官がいた。

この人は満州事変の時に国務長官をやっていた。幣原がいる限りは大丈夫だと言って日本を庇《かば》うのですが、幣原が辞めた途端に、これでもう日本と和解する望みはないと言った人です。満州事変の年は昭和六年です。十二月に若槻内閣が総辞職、幣原が辞める。そこでスチムソンは憤然として「もはや日本と手を携えて満州事変を解決する望みは全くなくなった。今後アメリカはなんら遠慮することなく積極的に日本を叩きつけねばならない」。そしてすぐにイギリスの外務大臣に国際電話をしてアメリカ政府の決議を告げる。それで真珠湾攻撃まで、日米関係に長い影を落とす、いわゆるスチムソン宣言というのを出します。

このスチムソンが、満州事変当時の国務長官ですけれど、戦争中、挙国一内閣を作らなければならない。だから共和党から最長老としてアメリカの内閣に入って、陸軍長官をやっていた。

それでグルーがその提案を出すと、スチムソンは支持するが、ただ一つ文句があると言う。「この中に日本は幣原のような政治家を生み出す潜在力を持っている国である。それが書いてないではないか」それくらい戦前の日本をスチムソンは知っていて、それに復帰すればよいと思っていました。トルーマンもそれでいいだろうと言う。

ところがたまたま、原子爆弾ができそうになって、軍が原子爆弾ができるまでちょっと待ってくれと言うので、流れてしまった。その時に降伏勧告ができていたら、うまく戦争はやめていたのかもしれません。それが出なかった。ただそれが基礎になってポツダム宣言ができました。

それでポツダム宣言に日本の民主主義を復活強化すると書いた。この復活強化という言葉はイギリスの日本専門家サムソン卿が筆を入れたのです。この人も日本を知っているから。だから何もないところに民主主義を作れと言うのではなくて、日本の民主主義を復活して、それを強化させればいいんだということです。これがポツダム宣言にちゃんと書いてある。だから昔の日本を知っている人、それから日本の専門家はみんな大正デモクラシーを復活させればそれでいいと思っていたのです。

マッカーサーも初めて幣原に会った時に、「あなたが外務大臣になった時のことを、私も人から聞いている。それがそのまま続いていたらこんなことにはならなかっただろう」と、言っています。

ところが、後でまた書きますが、その後の占領政策で日本の過去は軍国主義でしかないんだ、これを抜本的に作り直して民主主義国家にするのがアメリカの目的だということになるのです。

そういう占領政策になって、歴史の見直しまでに行ってしまう。

ですけれど、それは占領史観による偏向史観であって、日本の民主主義というのは大正デモクラシー時代に完成したんです。完成したけれど、結局経験不足だった。今とほとんど変わらないことをやっているけれども、こんなに腐敗して汚職ばかりではしようがない、これはやっぱり軍人に任せて清廉潔白な政府を作った方がいいのではないかと国民が思ったわけです。ところが軍人に任せてみたらむちゃくちゃになってしまって、歴史の教訓を学んだ。だから最初の民主主義というのは民族の経験の一つの過程なのです。だけどそれが立派に復活しているのが現代の民主主義です。だから根強いのですよ。ただ占領軍が作った民主主義ならこんなに保たないです。それが日本の民主主義です。

［第三章］

明治時代の日本の外交、軍事

条約改正

条約改正問題は、明治外交の主要課題でした。

外交というのは、一般論からいえば、国際政治の中の列国の力関係を見極めて、その中で日本の国益を守っていく。それが外交です。日本だけが一方的に決めて、努力をしたからといって、何かをできるということはあまりありません。

ところが条約改正問題は、国際政治の力関係とほとんど関係なしに日本だけでやらねばならないことでした。どうして日本だけでしないといけないかというと、当時の先進国というのは世界の列強全部ですが、その列強全部が日本の敵で、味方が一人もいなかったので、相手の力のバランスを利用することができない問題でした。

また、基本的な課題はいかにして日本が先進国として認められるかということでしたから、それは日本自身が自らの近代化のために一人で努力しなければいけないという問題でした。

幕末に外国の圧力で、日本は不平等条約を受け入れます。大きくいって問題は二つありました。

一つは領事裁判の問題です。領事裁判とは日本国内で外国人が罪を侵した場合、日本の裁判所が裁く権利がなく、外国の領事が裁くという制度です。これはヨーロッパだけが文明国で、他全部が野蛮国だった時、ある意味で常識でした。

イギリス紳士がどこか未開の国に捕まって、その国の裁判にかけられたらかなわない。だから、イギリスの領事が裁判をする。これが不平等条約問題の半分である領事裁判問題です。

もう半分は関税自主権です。日本に入ってくる物に、どのぐらい関税をかけていいかということです。日本は幕末に、一律五パーセントを押しつけられてしまった。これは帝国主義の一番あくどい面だといって間違いありません。

先進国がいったい何を考えていたのか、日本は弱小国として何を押しつけられたのか。それを知るには、先進国が植民地にしてしまった国がどういう扱いを受けたかを見ればすぐにわかります。

インドをイギリスが植民地にしてしまった。それまで、インドのベンガルは綿織物の大産地でした。イギリスのランカシャーは綿産業の盛んな地方です。ちょうどイギリスの産業革命でもって、新しい動力が入ってきて大量に作れるようになった。そのランカシャーの綿産業を育てるために、イギリスからインドに入る綿製品は全くの無税。当然ですが、宗主国から植民地への輸出ですから、全くの無税です。インドからイギリスに、あるいはインドから外に出るのに、これはとても売れないような高関税をかけた。それでしばらくやっているうちに、ベンガルの繊維産業は壊滅《かいめつ》して、それで飢えて死んだ織物工の白骨累々と言われました。

ほっておけば、日本でも列強はそういうことをしたかった。でも日本は植民地になることを免れました。しかし日本以外でも植民地を免れた後進国、中国も、ペルシャあたりから東は全部、みんなそういう目にあいました。関税は一律五パーセントです。何のことかわからないうちに、一切全部五パーセントを押しつけられた。

ところが、明治時代というのは世界が帝国主義時代ですから、みんな自分の国の産業を保護して、相手の国の産業を潰《つぶ》そうとする。だから、みんな自分の国に入る製品には関税をどんどん高くする。

当時は、イギリスが一番強い国です。そして自由貿易を唱えていました。その自由貿易でも、イギリスが日本から輸入をする物に、平均一〇パーセントの関税をかけていたのです。それなのに日本が輸入する物は全部五パーセントしかかけてはいけない。だから、イギリスの製品がどんどん入ってくる。日本の関税収入は、税収の中の四パーセントでした。

当時英国でも、二六パーセントが関税収入です。他の先進国はもっと、もっと大きかった。それで税収が足りないから、日本の場合は輸出税もかけました。今ではそんなこと考えられません。

戦後は、後進国は関税協定の例外を認められて、高い関税をかけてもいいのです。だから、中国は国産品を保護するために、自動車にものすごく高い関税をかけています。逆に先進国は特恵関税《とっけいかんぜい》といって、後進国からの輸入品にはほとんど税金をかけない。それは戦後の通念です。

日本はそんな優遇措置もない帝国主義時代に自分の力で、近代化と産業化したのですから、大変な努力でした。

これを何とかしないといけない。

明治維新になってすぐ岩倉、大久保、木戸たちが使節団で外国へ行った。その第一の目的は、関税交渉のつもりでした。つまり不平等関税を直すための使節団でした。ところが、なかなかうまくいかない。アメリカは「不平等関税の撤廃はいいですよ。しかし他の国がよいと言えばアメリカもそうしましょう」と言う。そうしないと、アメリカの産品だけは高い税金をかけてよくて、他からは五パーセントだと、アメリカの製品は損をすることになる。どこの国もみんな、それを言うわけです。それじゃあ国際会議を開いてそれを決めようといって国際会議を開くと、たくさん集まってそれぞれが勝手なことを言うので、結局決まらない。ものすごく譲歩しないといけない。とくにお金の問題は緊急だということで、裁判権の方をあとまわしにしたり、譲歩したりすると、すぐ国辱問題となって、政府が潰れる。明治時代の外交で政府が攻撃されたのは、ほとんど不平等条約問題です。

陸奥宗光による条約改正

それを解決したのが陸奥宗光《むつむねみつ》です。

それまでは結局、一つの国とうまくやっても他が駄目で、他を集めるとまたうまくいかないという繰り返しでした。

当時の国際外交を一番取り仕切っていたのはイギリスです。そこで、イギリスと正面から交渉する正攻法をとった。イギリスとの交渉が成立すると、他の国もそれにならってやっとできた。日英改正条約ができたのは、日清戦争が始まる七月二十四日の一週間前、明治二十七年七月十六日です。

しかしそのためには、日本がアジアでもって、一番近代化をしている国だということを示さなければいけない。だから、その直前にできた国会開設もその一つでした。皆があれだけ国会をちゃんとやってみせようとしたのは、一つには条約改正があったからです。日本という国は先進国で、議会民主主義がちゃんと運営できる、そういう国であるということを示そうという緊張感が、日本の民主主義が成功した一つの要因です。現にあの頃、明治政府の保守派の中では憲法停止論もありました。野党がうるさいから。だけど、そんなことをしたら国際的信用がなくなる。だから先進国だということを示すためにじっと我慢をしたのです。

それから、日本国内の治安は他のアジア諸国と違い、もともと非常によかった。法律を守る国なので、それを外国人が認めていたので、日本だけは他の国と違うと説得してそこまで持っていったのが陸奥宗光です。

三十年後、今度は中国が国民運動として外国に不平等条約撤廃を迫りますが、その時幣原は「明治の日本の場合は外国を責めず、打倒帝国主義などと言わず、まず己を責めて近代化した」と中国に自重を求める発言をしていますが、それは、この時の経験から言っていることです。

それでもやっぱり国際的なバランス、国際政治の力関係が若干影響していました。一つは英国中心にして決めたのがよかったのです。ロシアの勢力がそろそろアジアに及んできたので、イギリスはそれに対抗したい。それで函館を開港することを主張した。そこにイギリスの船が入れるようにしておけば、ロシアが来た時に抑えになる。むしろロシアの進出にそなえて、日本との関係をよくしておこうという考えがイギリスにあったのが、やっぱり響いていた。それが条約改正です。

ただその頃は、まだ清国の方が強いとイギリスは思っていました。日清戦争で清国が勝てば、日英同盟でなしに、英清同盟だったと言われています。ロシアに対する抑えとして、両方とも重要でしたが、清国よりも日本の方が進んでいた。文明国になっていたのです。外国人に対してむちゃくちゃしなくなっていた。これならばよいだろう、という国に日本が真っ先になっていたのです。やっぱり国際政治よりそっちの方が大きな決め手でした。

朝鮮半島における清国との角逐

次に明治において日本外交の一番の問題は、朝鮮半島における清国との角逐《かくちく》です。

角逐というのは、清国と勝ったり負けたりして対抗していたことです。

朝鮮半島の問題は、外交の問題として難しくない。一対一の力関係です。日清戦争までは、まだロシアがそこまで入ってきていません。チラチラッとは来るけれど、まだ本格的な実力がない。だから日本と清国との力関係だけでやっていた。

この辺からは外交と軍事が渾然一体となってきます。軍事力が即ち外交の力になってくるのです。

明治維新から日清戦争までは、朝鮮半島をめぐる日本と清国との勢力争いです。法律的に一番問題になったのは、清国は朝鮮は属国であると言い、日本はそれを認めない。そこから、朝鮮半島をめぐる清国と日本の争いが始まりました。

朝鮮はそれまで、三百年間にわたって清国と宗属関係にありました。しかし、それは名目的なもので、清国がそれを強く主張し、内政干渉的なことをするのは明治維新後、日本の力が強く感じられるようになってからです。日本が言い続けたのは、朝鮮の独立を認めろということでした。日本の言う朝鮮の独立ということは、清国の覊絆《きはん》から外すということです。結果からいえば、独立をしてしまえば独立した弱小国は列強の草刈り場となるわけですから、日本が取るということになります。日本が終始言ったのは、清国からの独立という意味でした。

明治八年に日本は朝鮮に対して開国を迫ります。そうすると朝鮮は「自分の国は、清国に藩属をしている。だから勝手に開国できない」と言う。清国は「属国ではあるけれど土地はもともと清国には属さない。清国は内政に関与をしたこともない。だから外国との交渉は朝鮮自身にまかせている」と言う。日本はこれを引用して「外交は独立と言ったではないかと」と、日清戦争が決着をつけるまで言い続けました。

清国に押された壬午《じんご》の変

朝鮮半島の覇権をめぐる問題は、ボクシングでいうと、第一ラウンドが一八八二（明治十五）年の壬午《じんご》の変です。

これは国王高宗《こうそう》の治世中、政治の実権を握る正妃閔妃《びんぴ》一族を一掃しようとした、国王の実父で前執政の大院君《だいいんくん》が起こしたクーデターです。

壬午の変の前に、朝鮮の政府は、日本は明治維新をやった、こっちもやらなきゃいけないと、日本人の将校を雇って新式の軍隊を作る。ところが新式軍隊ばかりを優遇して、旧式軍隊に食料をやらないものだから、皆お腹がすいて反乱が起きた。旧式軍隊に配ったお米の中に目方を増やすために砂がまじっていた。そんな物食べられない、と怒って反乱を起こした。それで日本人将校を殺したり、日本公使館を焼いたりした。これに対しては日本が兵隊を送っても一向にかまわない事件でしたが、清国は自分が親分だと言って、たちまち二千人の兵隊を送った。日本は一個大隊を送ったけれど、そんなものではとてもかないませんから、清国の思いのままになってしまいました。

壬午の変の頃、日本は清国が恐かったのです。福沢諭吉はこう言っています。

「現在でも支那の海軍は日本の三倍に近い。支那は国財も豊かだし、専制国家だから、しようと思えば何でもできるから、もし、支那がますます軍備を整え、朝鮮を併合して琉球を回復しようとしてきたならば、日本も戦争せざるを得ない。

戦争となると最近の戦争は人の勇気よりも武器によって決まる。日本人がいかに勇敢でも兵器が不十分で負けたと想像してみよう。

（以下原文通り）無数の支那兵は軍艦を以って東京湾に闖入《ちんにゅう》し、……東京市中を砲撃し、百万の市民、七転八倒、仰いで天に叫び、俯して地に泣くのみ、豚尾の兵隊は黒煙と共に上陸して、……婦女を辱め、錦帛銭財を奪ひ、老幼を殺し、……およそ人類想像の及ぶ限りは、過悪至らざる所なかる可し」

福沢諭吉は、それまでは日本の近代化、経済建設の方が優先だと思っていたけど、とてもそんなことを言っていられない。「楽は苦の種、苦は楽の種」であるから、もう現在の快楽は犠牲にしてもいいから、これからは税金を収めて軍艦を作りましょうと論じます。

この辺の外交は、全く力関係です。

その頃、清国側には、翰林院《カンリンイン》の張佩綸《チョーハイリン》のような東征論、日本をやっつけろという戦略もあったのです。

東征論の上奏文を受けた李鴻章《リコウショウ》は、それもそうだけれど、まずはその準備のためもう少し軍艦を買おうと言って、自分の北洋艦隊の軍艦を増やす方を先にします。そして現に軍艦を増やしました。

清国の優勢勝ち、甲申《こうしん》の変

第二ラウンドは一八八四（明治十七）年の甲申《こうしん》の変です。

これは、金玉均《キンギョクキン》を指導者とする独立党、独立党というのは清国からの独立の意味ですから日本を頼りにしたのですが、それがクーデターに成功して新政府樹立を宣言しました。それで日本が助けに来てくれると思ったのですが、清兵が千五百人いて日本兵は二百人しかいないので、たちまち圧倒されて日本の公使館がまた焼かれてしまいました。日本の公使も金玉均も、皆、命からがら汽船に乗って逃げたのでした。その頃は、清国が圧倒的に強かったのです。

明治十九年、甲申の変の二年後、清国の北洋艦隊が長崎を訪問しました。その時の主力艦が定遠《ていえん》、鎮遠《ちんえん》です。これが恐かった。日本の持っていない大戦艦だったのです。

その頃は大砲というのは口径の大きさで射程距離が決まったのです。

この二隻は十二インチ砲を持っていた。日本のはせいぜい八インチか六インチでした。だから全然届きません。定遠、鎮遠は七千三百トン、日本の戦艦がその頃、明治十九年で一番大きいので三千七百トン。半分ですから乗せている大砲も小さいのは当然です。船の数も三倍くらい違いました。それが長崎を訪問した。

訪問するといっても、壬午と甲申で勝っての示威《じい》訪問です。その頃の清国の水兵は、上陸したら略奪です。裏に軍事力がありますから、店に入って物を持って行って、お金を払わない。日本の警察が、それを止めようとして乱闘になる。乱闘になって双方八十四名の死傷者が出ました。

もう少し後の日本だったら、すぐに戦争を仕掛けるような状況ですが、その時は向こうが恐い。うっかり怒らせて、定遠、鎮遠から大砲を撃たれると長崎の町は潰されてしまいます。現在でいえば、アメリカの前のイラクとかアフガニスタンのような力の差です。それでじっと我慢をして、抗議もせずに向こうがいう日本の警官は帯刀禁止という条件を飲まざるを得ませんでした。そういう時代があったのです。

その後、日清戦争に至る日本と清国の関係は、第一ラウンドの壬午の変、第二ラウンドの甲申の変とも、圧倒的に清国の優勢勝ち、レフェリーが点をつけると絶対に向こうの方が強い。最後の日清戦争でやっと五分五分の力まで持ち込んで、結果としては、日本がノックアウト勝ちをしたのです。戦争前の力は五分五分でも戦争ですから勝ってしまえば、それは勝ちです。それが日清戦争です。

だから壬午、甲申、日清戦争までは清国と一対一の力関係です。力のある方が自分のしたいことをした、だから、どっちが良いか悪いかという問題ではない、両方とも帝国主義で、帝国主義的競争を繰り返しているうちに、日本が大きく勝ったという話です。日本は清国に負けないように軍備増強して、日清戦争の前にやっと同じ力までいく。同じ力というのは、戦争をしたらどちらが勝つかわからないということです。そこでいよいよ戦争をしたのです。

日清戦争開戦

日清戦争となると、そういう戦争をするとアジアの力関係が変わってきますから、そこでいよいよ日本が世界のバランス・オブ・パワーを考えなければいけない外交の時代になってくるわけです。

その前にまず言っておかなければならないことは、日清戦争は、全部日本が始めた戦争だということです。戦後の日本人一般の史観、これは司馬遼太郎史観が代表ですが、これによれば、日清日露までの日本はよい日本であり、満州事変の後の日本は悪い日本である、ということになっています。

ところが日清戦争は戦争をしかけたのも、戦争が避けられそうになると、それを無理矢理戦争に持って行ったのも全部、日本です。しかしその四十年後の支那事変は戦争を始めたのも中国側で、途中で和平になりそうになるのを潰すのも中国でした。といっても、はじめに書いたように、戦争というものはそもそも歴史の流れの中で起こるものであって、どちらが先に始めたから悪いなどと言ってもあまり意味はありません。

朝鮮半島で内乱があったので、朝鮮政府が自分で鎮圧できないから、清国に兵隊を送ってくれと言う。清国は大喜びです。朝鮮は自分の属国だということを示せるわけですから。ぱっと兵隊を送る。そうすると日本は、直ちに兵隊を送るのですが、その時の陸奥宗光が外務大臣、川上操六が参謀次長、その二人がはかって、壬午、甲申のように兵力差で負けないように、一個旅団を送ると称して、混成旅団を送った。

一個旅団というのは、一個連隊千人の二個分、だいたい二千人です。ところが連隊は師団の一部ですから、補給部隊とか車とかを持っていないので自分では動けない。でも動けるようにいろいろの能力をつければ一個旅団になる。それが旅団。ところが混成旅団というのは、もう一息で師団の規模です。一個旅団は二千人プラスですが、混成旅団は六千人ぐらいです。それをさっと送ってしまう。

中国側は三千人くらいしかいない。そこで清国はしまったと気がついた。それまで壬午でも甲申でも圧倒的に清国の方が兵隊が多くて、日本側を潰してしまった。それが急に日本から六千人も来たので、しまったと思う。

ちょうどその時、朝鮮の内乱が鎮まってしまい、もう派兵の必要がなくなり、日本は困ってしまう。

中国はお互いにすぐ撤兵しようと言う。それは筋の通った話ですし、ロシアやイギリス、アメリカまでそれを支持して皆、日本に撤兵しろと言ってくる。このままでは六千人の部隊が立ち枯れになってしまう。

そこで陸奥の考えで、「朝鮮では内乱が起こったけれど、このままでは何度でも内乱が起こる。だから朝鮮の内政改革をやろう、それを清国と共同でやろう」と提案する。それを提案した上で、陸奥宗光はもう一度閣議にかけて、「もし清国がそれを受諾しなければ日本は単独で朝鮮の内政改革をする」という案を閣議で通してしまいます。

まず第一に清国と共同で内政改革をしようということは、日本と清国が平等でもって朝鮮の政府をいじって、その政治を変えさせようとするということです。だから清国が平等を認めるわけがない。当然断ってくるわけです。断ってくると、兵隊を引かなければいけないのですが、日本は単独でしようということです。単独でするということは日本が軍隊を入れて、朝鮮の政府を思うままにするということです。これを清国が受けるはずがない。だから戦争です。初めから戦争になるということで着々とやっていたのです。

ほんとうは、日本が清国と戦争をして朝鮮を取りに行くことに対しては、イギリスもロシアも干渉をする気でした。戦争はさせないつもりだった。ところが日本のやり方があまりに早いので、各国とも後手後手になる。素早い。清国から長い手紙が来ると、もうその翌日には陸奥宗光が長い返事を送る。ロシアから長い抗議が来ると、またすぐに返事を出す。英国に対しても同じです。清国政府も列強もこのスピーディな日本外交の動きに対応できなかった。

日本から六千人送ったのに対して清国は三千人しかいないから、清国は急いで増強する。千二、三百人ずつ二回に分けて送ります。一回目は無事に着いた。二回目はイギリスから借りた高陞号《こうしょうごう》という船にたくさんの大砲と千二、三百人乗せて送ったのですが、これを東郷平八郎が乗っている浪速《なにわ》艦が撃沈してしまう。それが戦争の始まりでした。

日本の歴史では今でも、清国側が先に発砲したので、それに対して迎撃したということになっています。日本は勝ちましたから、勝った方の戦史が残っているけれども、これは明らかに日本が先に撃ったのです。この船に着かれたら南部の戦場では兵力のバランスが変わりますから、それが着く前に沈めてしまったのです。それが戦争の始まりです。

なぜ日本が勝ち進んだか

それから後は戦争で、どんどん日本が勝つのです。初めに想像できなかったくらい早く勝ってしまう。

どうしてそんなにどんどん戦争に勝ってしまったかというと、兵力も国力も清国の方が力は上ですが、結局、日本の方が先に国民国家を作ったからです。

こういう話があります。清国側の捕虜の中に、なんとなく言語挙措《きょそ》が自《おの》ずから異なり立派な将校がいた。それでわが方の将校が「君は戦《たたか》い利《り》あらずして捕虜になっている。しかし心を思うと軍人として同情に堪えない。釈放するからもう一度雌雄《しゆう》を決しに来ないか」と言うと、向こうは頭を振って「とても勝てない」と言う。どうしてかと言うと、一つは突撃、日本は突撃をする。清国兵はいくら突撃をしろと言っても突撃はできない。もう一つは散兵、兵隊というのは隊伍を組んで歩いて行く。そうではなく、広く散らばって攻めて行く。これが清国はできない。

まさにナポレオン戦争で、いかにナポレオンが勝ったかということと同じです。それまでは兵隊というのは傭兵《ようへい》です。みんなお金を稼ぐために兵隊になっている。給料を貰って家族を養っている。そうするとなるべく死にたくない。それを戦争をさせるために、わざと目立つように真っ赤な洋服を着させて、それで隊伍を組ませて一人も遅れないようにして見張っていないと戦争をしない。散兵をすると皆隠れてしまって、いなくなってしまう。

突撃と言っても自分が先に突撃しない。だから百人並べて一緒に歩いて行けと言って、後から押さない限り進まない。それが傭兵です。

ところがナポレオンの兵隊は国民軍でした。みんな愛国心でもって三色の旗を掲げて自分の力で戦争をする。だからナポレオンの軍隊は突撃と散兵ができる。

それが日本軍と清国の違いでした。清国は傭兵でしたから。清国兵はこの散兵ができない。もし散開すればその多数は必ず逃亡をする、ほんとうは散兵をした方が敵の砲弾をよけるためにはいいけれども、散兵は使えない、だからいくら戦争をしても勝つわけがないと、その立派な将校は、語り終えて愁然たるものがあったといいます。

夜襲とジャングル戦に強い日本軍

それが愛国主義の国民兵です。それに、単なる愛国主義だけではなくて、日本人というのは江戸時代以来の教育で、人の見ていない所でも自分の義務を尽くすということをする。それは世界で不思議なくらいです。

たとえば、お釣りをもらって数えないでポケットに入れてしまうのは日本人だけという。お釣りをもらって数えなかったら出す方はごまかします。だけど日本人はそんなことはしないと信頼してパッとポケットに入れてしまって、お釣りを数えない人が多い。人の見ていない所でも義務を尽くすという日本人の特性があります。

だから日露戦争では夜襲が強かった。夜襲というのは真っ暗闇ですから、たとえ小隊といえども、小隊長と部下の間でも五メートル離れたらもう見えない。だからみんなそれぞれ自分の能力で力一杯戦わないかぎり駄目です。他の軍隊は暗闇だと前に進まない。それで日本軍は夜襲が強かったのです。

大東亜戦争では、ジャングル戦が強かった。ジャングル戦も夜襲と同じで、見えない。そうすると向こうが何のことかわからない。たったの十人くらいの日本の兵が来て、むちゃくちゃに戦う。そうするとあんなに戦う以上後ろに千人ぐらいの後詰めがいると思う。

そうすると、おそらく防衛線の一部が突破されて、くさびを打ち込まれたのだろうと判断する。後ろに何もいないのがわからないから。そこにくさびを打ち込まれたら、第二段の戦線で守るのが作戦だから、下がって引く。引くとまた突っ込んでくるから、結局どんどん逃げて、防衛線が崩壊してしまう。

だから夜戦とジャングル戦では日本は断然強かったのです。

普通の国の兵隊なら、そんなに真面目に戦いません。周りは闇とジャングルで誰も見ていないのですから。

その後の日露戦争、大東亜戦争で日本兵があんなに強かったのも、戦後の日本の復興が早かったのも、日本人が、他人の見ていない所でも力一杯働くという義務感を持っていたからといえます。

日本人の能力で勝った黄海の海戦

戦争の始まりは、まずは陸戦でしたが、やがて、黄海の海戦となります。

これは日本が全くお金がないのに苦心に苦心をして、お金を寄せ集めて作った艦隊十隻（うち一隻は軍艦ではない）と、清国十隻で戦争をした、フィフティ・フィフティです。しかし、向こうは七千三百トンの定遠、鎮遠があります。日本で一番大きいのは四千三百トンの三景艦《さんけいかん》、厳島《いつくしま》、松島《まつしま》、橋立《はしだて》がありました。

この三景艦は失敗でした。定遠、鎮遠が十二インチ砲を四本ずつ持ってババーンと撃って来る。それに対抗するには十二インチ砲を持たなければいけない。四千三百トンだと四つ乗せられないので一本だけ乗せた。

ところが一本撃っただけで全艦が震動してしまう。その砲身を右に向けると重みで船が右に傾く、結局ほとんど撃ってない。六インチ砲ばかり使っていました。

戦争が始まると日本側の弾丸が届かない距離から定遠、鎮遠が撃って来るから、日本の艦隊の周りは水しぶきでいっぱいになる。

普通、中国人同士の戦争なら、これはとてもかないませんと言って、ここは、ひとまず、と引くのが当り前です。でも日本は引かないで突っ込んで、そばまで来て六インチ砲を撃ち込んだ。六インチ砲では定遠、鎮遠の甲板は貫けないけれど、甲板の上に火災を起こさせて戦闘力を奪った。それは中国に言わせればルール違反でしょう。それで勝ったのです。そういうことでどんどん、どんどん勝ってしまった。

外交的には向こうから外交文書が来ると、陸奥が見事な文章を書き上げて、それをすぐに出してしまう。おそらく自分で書いたのでしょう。

それでまた暫くたって向こうが言ってくると、またすぐに返事を出す。向こうは事態の進展に追いつかない。そして、戦争の方も事態の進展に向こうが追いつかない。それでどんどん勝つわけです。いずれも、やるべきことは徹底的に遂行する日本人の能力で勝ったのです。

国際政治の深淵を覗いた三国干渉

伊藤博文の持っていた秘密文書『機密日清戦争』の冒頭に、宣戦布告直後のものと思われる『内閣総理大臣奉議』、天皇陛下に出したものがあります。それは死ぬまで秘密で出なかった。そこには、

「とにかく戦争をしたら列強が干渉をしてくることは避けがたい。特にイギリスとロシアは初めに干渉をしてきて諦めたけれど、いつまでもほっておかないだろう。再びやってくる。その場合は、実力をもってでも干渉をしてくる。だからそのために必要なことは、とにかく速やかに清国に対して勝利をする。それで日本側の要求を出さなければいけない。そうすれば目的を全部達成できなくても日本にとって利益のある結果を得て、将来の計画を作れるだろう。この際は単に軍事だけを考えずに、国際情勢を考えて、進むか退くかをちゃんと考えなければいけない」

という内容です。三国干渉もその後の臥薪嘗胆《がしんしょうたん》も何もかも全部見通しているよう

な文章です。だから早くしなければいけないといって、陸奥も軍もどんどん既成事実を作ってしまった。

それで三国干渉がきた時には、もう北京を脅かしている形だったのです。

三国干渉は、初めて日本がパワーポリティクスというものの深淵を覗いたきっかけでした。つまり、日本がアジアというものの既存の安定構造を崩してしまったのです。それまでは清国が圧倒的に強くて、それが安定勢力だった。朝鮮半島は清国の属国みたいにして、日本に対しての緩衝地帯、バッファゾーンだった。そのバッファゾーンを潰してしまった。それよりもっと深刻な影響があったのは、清国が思ったより弱い国だということを世界に見せてしまったことです。清国が弱いところを見せてしまったから、アジアのバランス・オブ・パワーが全部、崩れてしまったのです。

そこで三国干渉がくる。日本が遼東《りょうとう》半島を取ったけれど、それをロシアが返還しろと言ってくる。結局、ロシアの言っていることは、「これは将来俺が取るんだから、おまえが取るな」ということです。狼が全力を尽くして大鹿を斃《たお》しても、そこに虎が来ればば狼の権利もなにもありません。それがジャングルの掟です。

その時の日本の国際情勢判断は正確でした。露仏独の軍艦がもう日本の周りに来ています。伊藤も陸奥もこれは駄目だ、ごたごた言ったら危ないから、パッと条件を付けずに受けるしかない、と考えました。

陸奥が後で言っていますけれど、「もしイギリスが一言助けると言ったら、徹底的にやった。でもイギリスは助けるつもりはない。日本の実力でもっては、イギリスの同盟国になってもイギリスの得には何にもならない。イギリスは人の憂いを我が憂いとするドンキホーテにあらず」と。

それで三国干渉を受諾する。この時、初めて国際政治の深淵を覗く。でもさっと諦めました。それが日清戦争です。

イギリス側からの求めで日英同盟

そこから後はまた力の問題で、中国から取った賠償金をほとんど全部軍備にそそぎ込み、臥薪嘗胆で大軍拡をやりました。

陸奥が言った通り、日清戦争当時の日本はイギリスの同盟国になっても何の役にも立ちませんでした。

当時日本の持っている大きな軍艦は、ぶんどったばかりのボロボロの鎮遠《ちんえん》だけです。何の役にも立たない。そこで、その後の臥薪嘗胆で、日本は主に清国から取ったお金で戦艦をどんどん買うのです。

イギリスは十九世紀、名誉の孤立をしていました。

というのは世界中どこの地域に行っても、その地域の国々のあらゆる海軍力を全部集めてもイギリスの海軍力の方が強かったので、同盟国はいらない。それがイギリスの名誉の孤立です。これを大変誇りにしていたのです。

そのイギリスが初めて同盟を結ぶのが弱小国の日本でした。どうしてかというと、三国干渉の後でロシアが満州、遼東半島を取るために極東海軍をどんどん増やす。それでロシアの戦艦が五隻になってしまうのです。一九〇一年ロシアの戦艦が五隻になって、イギリスの戦艦が極東に四隻しかない。それだけでロシアの方が一隻増えてしまう。フランスは一隻持っていますから、六対四になってしまう。一九〇一年には日本は戦艦を五隻持つようになっていました。だから日本とイギリスになったら、ロシアよりも多い。万が一日本がロシアと組まれたら、イギリスは覇権《はけん》がなくなってしまう。そこまで日本が軍事力を強化したのです。

それでイギリスの方から日英同盟を求めるようになってきたのです。日本はもともとイギリスさえ支持してくれたら、三国干渉の時でさえロシアに対抗できたのですが、でもその時イギリスは日本など相手にしなかった。ところがこの時、日本は軍艦を五隻持っていたからできた。

スラブかアングロ・サクソンか日本外交の選択

スラブを選ぶか、アングロ・サクソンを選ぶかの決着、これが日本の外交における幕末以来の論争の決着です。

幕末の渡辺崋山は「日本を取ろうとしているのはロシアとイギリスである。日本とロシアの間に事があれば英国が黙っていず、英国と事があればそれはロシアの問題である」と言っています。

橋本左内は「英露は両雄ならび立たず、世界の牛耳をとるのはまず英国かロシアのどちらかであろう」

この人達はロシアと組めと言っていました。どうしてかというとイギリスがアヘン戦争で香港を取ったばかりだったから、これに対抗をするのはロシアしかないという判断です。ナポレオン戦争でフランスを潰した後は、イギリスとロシアが世界二大国家になった。ちょうどドイツと日本を潰した後、米ソの二極構造となったのと同じです。そういう構造になったことを、幕末の知識人達はわかっていたのです。

ペリー来航直後にはロシアに頼んでペリーの再来航を防ごうという案さえあった。その時反対したのは水戸斉昭です。水戸斉昭は単純な攘夷論ですから、ロシアだろうと何だろうと外国などというものはあてにならないと言っただけです。ファンダメンタリストというのは止まった時計みたいなもので、一日に二回は正確な時間を示します。帝国主義時代において、斉昭の判断は極めて正確でした。

その時のディレンマは、日露戦争直前まで続きました。最後までイギリスを頼むかロシアと協調するかどうか迷った。小村寿太郎《こむらじゅたろう》などの親英論に対して伊藤博文の親露論が最後まであったのです。

というのは、伊藤博文など古い世代はロシアの恐さを知っている。ロシアなんかと戦争ができるはずがない。何とかロシアと話し合いをつけるしかない。イギリスと同盟するということはロシアと戦争をするということだから、そんなことできるわけがないということです。

ところが小村寿太郎などは、ロシアに譲歩して仲良くしたって一時の問題で、やがてすぐに取りに来る。いっそ極東ロシアの戦備が整わないうちに、戦争をした方がいいんだ、という考え方です。

最後に伊藤博文も明治天皇も開戦を決意するのは、全く小村の議論が正しいと認めたからです。それまではロシアが恐くてとてもイギリスとの同盟など考えられなかったのです。

今になってみれば常識的なことですが、アングロ・サクソンかスラブか、どちらを選ぶということを決定的に決めたのが小村意見書でした。それが幕末以来半世紀のアングロ・サクソンかスラブかの選択に決着をつけた。その後に孤立外交をする大東亜戦争の時期はありましたが、百年経って今でもその路線が生きています。アングロ・サクソンを頼りにしようということです。それが小村意見書で決まるのです。

日英同盟の効果

それで日英同盟を作るのですが、日英同盟なしには日露戦争は勝てなかったでしょう。

一つは戦争をするにはお金がいります。日本はお金がないですから、国債を出して外国に買って貰わなければいけない。それで、まずイギリスに買って貰おうと交渉をするとアメリカが乗って来て、イギリスとアメリカが半々買ってくれて、それで戦争をします。初めはなかなか売れなくて苦労しましたが、そのうち日本は勝つものですから、勝ってくるとどんどん売れる。だからものすごい勢いで外債を発行した。

初めは戦費四億五千万円で、そのうち外債は一千万ポンドくらいのつもりだった。ところが戦争が終わるまでに戦費が二十億円くらいかかり、外債も一億ポンドくらい集めました。

日英同盟というのは、相手が一国の場合はお互いに厳正中立、相手が二国ならば参戦、そういう同盟でした。だから日本がロシアと戦っている間はイギリスは厳正中立です。でも、その中立の範囲内で、ものすごく日本を助けてくれたのです。

一番有り難いのは情報でした。戦争が始まった時に、あちこちで売りに出ている戦艦があった。それを買うと軍事バランスが一挙に変わる。それはイギリスが一番情報を持っていた。イギリスで戦艦が二隻竣工しかかっていた。これはアルゼンチン、チリあたりが買う予定だったけれど、お金がなくて買わなかったのです。当然ロシアも買いに来ます。そうすると、イギリスが自分のお金でパッと買ってしまって自分の海軍用に使ってしまい、ロシアに売らないことにしました。

それからイタリアの造船所で巡洋艦だけれど戦艦に使える巡洋艦、これの二隻が竣工中。イギリスだけが情報を持っていて、日本にそっと教えてくれて、早く買えと言う。それで日本はお金を集めて買いに行き、ロシアよりもほんとうに一日早く買ったのです。きわどいところでした。これがその後、たいへんよく働く、日進、春日という巡洋艦ですが、大砲の仰角《ぎょうかく》が高い。遠くから旅順の港を攻撃できたのは、この巡洋艦だけでした。

日進、春日が出来上がって、いよいよ海に出るのが日露戦争開始の直前です。急げ急げといってやっと動けるようになると、日本の士官が乗ってイタリアの造船所から地中海に出る。そうするとロシアの船が周りを取り囲む。開戦の報が伝わったら、すぐに撃沈するか拿捕《だほ》してしまおうということです。そこへイギリスの艦隊がやって来て間に入ってくれる。そしてスエズ運河まで送ってくれたのです。

スエズ運河はイギリスが占領していました。英国は中立だけれど、合法的に、石炭の積み方も、出航の許可もみんな日本を優先する。ロシアの艦隊はずっと順番を待っていなければいけない。それで日本の艦隊を紅海に先に出す。それにイギリスの軍艦がついて来る。ロシアの軍艦はそれでもスエズを通って後を追って来るのですが、途中まで来て諦めて引き返す。それを見てイギリスの軍艦は「成功を祈る」と言ってオーストラリアに行ってしまいました。

日進、春日が着いたのは戦争が始まる時です。東京では大歓迎です。横須賀に歓迎門を作って歓迎しました。

それだけでなく、イギリスは日本に情報をくれたのです。イギリスというのは世界中の情報を持っています。今のアメリカと同じですから。情報を日本にどんどんくれる。ロシアが何をしているかが手にとるようにわかる。日本はお金と情報が一番弱いのに、その二つをくれた。だから日英同盟がなかったら勝てなかったでしょう。

強かった日本軍

それから後は戦争ですが、日本はほんとうに強かった。日清戦争と同じように、日本人の個人の任務遂行能力が高かったのです。

その顕著な例は、世界戦史でも空前絶後で、他に例がない、戦史に残る「弓張嶺の夜襲」です。敵の陣地を攻撃するには、普通は敵の陣地を砲撃してから攻撃します。

ところが日本軍には砲弾がない。そうすると、夜襲しかなかったわけです。一万二千人の大夜襲です。夜襲というのは、せいぜい百人くらいでするのが常識です。弓張嶺という、敵が一万七千人で守っている山、これをわが軍一万二千で夜襲する。世界の夜襲でも、師団の夜襲はない。夜襲は奇襲ですから号令をかけられないから、兵隊は一人一人が自分の意思で戦わねばならない。その前一週間くらい日本軍の将校はそれぞれ自分の持ち場を決めて、真夜中になると自分の持ち場の山を登って、こうやって攻めていくということを足で調べておいた。

武器は剣付き鉄砲です。鉄砲の先に剣が付いている。剣付き鉄砲というのは近代の発明です。それまでは鉄砲隊と槍隊をどの位の割合にするかが大問題でした。六対四にするとか、五対五にするとか。鉄砲隊は白兵戦の場で戦争できない。ところが鉄砲の先に槍をつけることを発明した。おそらく十八世紀の英仏戦争の頃からでしょう。

三浦大尉の剛勇の話もあります。闇の中で発砲しまくる敵陣地に気づき、その砲火をたよりに切り込んだ。剣の達人で、たちまち数名を切り倒したけれども、切っている最中に身体が重くなった、真っ暗で何のことかわからないからそのまま切りまくっていたら、そのうちに軽くなり、また切りまくって、その後気絶してしまった。駆け寄った兵が見ると、胸に銃剣がささっているから抜いた。後で考えると暗闇の中で撃つ暇がないロシア兵が銃剣を投げたのが胸に刺さっていた。だから重くてしようがない。だけど、かまわないから戦っているうちに銃の重みで剣のつけ根からぽっきり折れた。それで軽くなったものだからまた切りまくって、出血で失神したということでした。奇跡的にも回復した三浦大尉は、日露戦争の大豪傑として、普通、陸軍大学を通らなければ将官にはなれないのに、その時の手柄で少将まで昇進しています。

外国人からみた日露戦争の日本軍

戦闘を参観していたイギリスのハミルトン中尉は、日本兵の素晴らしい資質に感動し、日本が武士を中心にして、武士道という精緻《せいち》な文化を創造したことに感嘆し、自国イギリスの社会の将来を、この日本と比べて憂いています。

また、一九〇四年秋に、横浜に行こうとして、たまたま日露戦争出征兵士と同じ汽車に乗った中国の秋瑾《しゅうきん》女史は『わが同胞につぐ』の中で、バンザイを唱えて振られる日章旗の小旗に圧倒され、特に小さな子どもたちの「可愛らしさはお見せしたいほどで、私は、真実、うらやましさのあまり死にたくなった」と書いています。また「日本人はかくも団結し、軍人を大事にするからこそ、軍人は生を忘れ命を捨てて戦場におもむくのです」と感嘆し、「しかるに、憐れむべし、わが中国の兵は毎月ピンハネされる乏しい口糧《こうりょう》で家も自分もまかなわねばならず、少しでもへまをやれば上官に罵られ打たれ、権勢のある人が兵隊を見ることは賤しき奴隷を見るのと同じで、同席もしたがらない」、「たとえ戦争で勝っても、錦衣玉食《きんいぎょくしょく》している上官だけが手柄顔をしている」と書いて、日本人の愛国心、兵士に対する国民の信頼を讃嘆しています。

日本海海戦の大勝利

有名な日本海海戦の大勝利は世界歴史にない大勝利。パーフェクトゲームでした。ロシアのバルチック艦隊が全滅してしまったのです。八隻の戦艦のうち六隻を沈めて、二隻捕獲してしまいました。三十八隻が対馬海峡を通過して、ウラジオに着いたのは仮装巡洋艦一隻、駆逐艦二隻、輸送船一隻だけです。日本側の損害は水雷艇三隻でした。ロシア側は捕虜、戦死一万人余り。日本側は戦死百余人、負傷者五百人余りでした。

この勝利の理由は、何よりも日本人の民度《みんど》が高かったことが最大の理由でした。つまり命中率が高かったのです。さらに命中率の上に発射速度も早かった。同じ時間に二倍弾を撃ったら、命中の数は二倍になります。これは結局、茶の湯の作法のように無駄のない動きをする伝統が日本にあったからだといいます。

つまり早い話が、買い物に要する時間を東京とモスクワで比べればわかります。現在でも、東京で買い物をして、パッパッと包装してお釣りを貰って帰るまでの時間と、モスクワで買い物をする時間とは十倍違います。もしかすると、十倍ではきかないかもしれません。

要するに弾丸を下から運んできて装塡《そうてん》して、火薬を入れて、閉めて、照準を決めて、撃つ。その時間が日本の場合は何倍も早い。弾が一度当り出すと、当った方では今度は甲板で火災が起きる。そうすると、火災を消さなければいけない。だから一度撃ち出すと発射速度が十倍から二十倍になってしまう。

結局、日本人の民度が高いのです。今の自衛隊でも、下士官の能力は世界一です。日本は練習場がないですから、アメリカで練習をします。ＮＡＴＯも一緒になって、練習のオリンピックみたいになった時期もありましたが、その中で、命中率が一番高いから日本はいつもナンバーワンです。

だから戦後の日本もそうですが、優れた指導者がいるからということよりも、一般に民度が高いので高度成長をした。ところが、それだけでやっていると今の不況となると大局が見えないから、何をしたらいいかがわからない。ただ、これを作れ、働けと言われる時は日本は圧倒的に強い。日本人は民度、つまり庶民の平均能力で勝つ。それで日露戦争に勝ってしまったのです。

［第四章］

大東亜戦争まで

第一次世界大戦での同盟国としての進退

一九一四年に始まった第一次大戦は、イギリスが生きるか死ぬかの戦いになりました。戦争が激しくなると、イギリスは同盟国である日本に助けに来い、助けに来いと言います。

日本の態度は中途半端でした。結果として駆逐艦隊は送りましたが、陸軍は送りませんでした。これに対して、アメリカがイギリスの協力要請に全面的にのっかり、ものすごい大兵力を出しました。もちろん陸軍も出しました。海軍も、日本とは較べものにならないものすごい数を出したのです。

戦争が始まったとき日英間は同盟、アメリカは同盟国ではなかったけれど、戦争が終わった頃は、アメリカの方が断然大事な同盟国になっていたのです。

この時、日本がもう少し同盟国らしくしていたら、日英関係はもう少しよかったに違いありません。

しかし日本が一所懸命にならない理由は、ありました。

まず、日英同盟の目的地域は、だいたいインド洋までと考えられていたこと。

もう一つは、山県有朋《やまがたありとも》らが言ったのですが、日本の大事な軍艦をどんどん出して減らしてしまったら、戦争が終わった後の軍事バランスはどうなるんだ、ということでした。つまり山県有朋が心配しているのは、今は白人同士が戦争をしているけれど、これで戦争が終わって白人が結託して日本を攻め、日本と戦争をする可能性がある。それまでに日本の大事な戦艦をなくしたらどうなるんだ、ということだったのです。

当時、日本海軍には金剛《こんごう》という巡洋戦艦があり、これがある意味では、世界最高の軍艦だったのです。イギリスから、それを出してくれと言われたのですが、ついに出しませんでした。

ここにおもしろい偶然があります。

二〇〇一年九月十一日のアメリカで起きたテロに対する報復攻撃の際に、アメリカがアフガンを攻撃するために、日本の自衛隊にイージス艦をインド洋に出すことを希望しましたが、その時は出せませんでした。このイージス艦の第一番艦が金剛、第一次世界大戦の時にイギリスに要請されてついに出なかった戦艦と、偶然同じ名前でした。もっとも一年経ってから日本は比叡《ひえい》というイージス艦をインド洋に出しています。

それでも外交的には、日本はイギリスの同盟国ということで、イギリスに面倒をずいぶん見てもらいました。

たとえば、ベルサイユ講和条約です。山東問題で、山東半島はドイツの租借地でしたが、日本が攻めて落としたので、当然日本のものだと日本の権利を主張しました。ところが、中国はドイツに宣戦布告をしている。だから、俺のものだと主張したのです。日本は全部取るというのではなくて、一部利権だけを取りたかったのですが、それでも、中国は反対です。結局、イギリスが日本の言い分を聞いて、それをアメリカとフランスに説明して、日本の言い分を聞いてやれと説得してくれた。その結果を聞いて、中国は怒って退席してしまった。そこまでイギリスはちゃんと面倒を見てくれました。

イギリス外交が助けてくれなければ、この時すでに国際連盟で日本は孤立したでしょう。やっぱり同盟国があったから、孤立を避けられたのです。

日英同盟の廃棄

ここで、アメリカのウイルソン主義を説明しなければなりません。これが日本の外交の岐路になります。

アメリカの外交というのは、ウイルソンの前は、共和党のシオドア・ローズベルトでした。この時は帝国主義です。マッキンリーとローズベルトと二代続いてアメリカの歴史の中で、ごく稀な帝国主義の時代でした。海軍を大拡張して、パナマを取って、ハワイを取って、フィリピンも取った。帝国主義の国と日本は話をつけやすい。日露戦争の時はタフト陸軍長官が来て、日本は朝鮮を取ってもいいと、だけどアメリカはフィリピンを取る、お互いに支持しよう。これは帝国主義同士の話し合いだから、話はわかりやすいものでした。

ところが次の大統領が民主党のウイルソンで、ウイルソン主義というものを出してきた。その中には民族自決、植民地主義反対もありました。ウイルソンの時にアメリカは第一次大戦に参戦しましたが、その時に「戦争というものを永久になくすために戦争をするんだ」と言ったのです。アメリカ人は、そう言わないとついてきませんから。第一次世界大戦はイギリス、フランス、ロシアの同盟とドイツ、オーストリアの同盟が戦争をしている。どっちが悪い、良いではなく、同盟なるものが悪い。戦争のもとだから。だから同盟なんてものを作って、バランス・オブ・パワーで平和を維持しようなどとすると戦争になる。だから同盟なんてものをやめてしまって、世界中が一つの原則に合意してお互いに守れば平和になるではないか、というのがウイルソン主義です。

そして一九二〇年に国際連盟を作るのです。

ウイルソン主義では、同盟は反対ですから日英同盟にも反対です。

実は、アメリカの日英同盟へ対する反対は、もっと具体的な理由もありました。日英同盟が続く限りは、アメリカは日英両方に対抗する海軍力を持たなければいけない。そうすると、海軍にお金がかかるという理屈です。ところが、日英同盟はすでに前から、アメリカは敵にしないと言っているので、これはあまり理屈にはならない。いずれにしても同盟には反対。同盟をやめてしまえと言うのです。

イギリスは総理、外務大臣、陸軍大臣、海軍大臣みんな、日英同盟継続に賛成。しかしアメリカは反対、カナダも反対。カナダは、もしアメリカとイギリスが戦争をしたら自分はどうなるんだということでした。オーストラリア、ニュージーランドは同盟継続賛成でした。つまりイギリスと同盟国の日本と、イギリスと敵対している日本といったいどっちが安全なんだということです。やはり日本のそばの国は現実的に考えます。また、オーストラリアが言っているのはイギリスというのは文明国の一つの水準を持っているので、それと仲良くすると、日本という国の行動にもある程度の基準ができるということでした。それも正しい意見だったでしょう。

結局、英国はどうしていいかわからなくて苦慮していました。

幣原喜重郎の妥協案

実は、これをあっさり廃棄してしまったのは、他ならない日本の代表だった幣原喜《しではらき》重郎《じゅうろう》です。

イギリスはどうしていいかわからない。自分からは切れない。それで妥協案を作る。アメリカが言っているのは、攻守同盟がいけないというのだから、お互いが、いざという時は相談する条約を作ればいい。だから日英米の協議条約を作るが、ただし必要に応じてそのうちの二か国は同盟を結んでもいい。そういうのを作ろうとしました。

そうすると、日英同盟はすぐにできてしまいます。

それをアメリカに渡したけれども、アメリカは何も返事をしない。

幣原は相談を受けて、「そんなものをアメリカはのむわけはない」と言います。その判断は正確だったでしょう。そして幣原がちょこちょこっと原案を書いて同盟はやめて日英米の三国協議条約にしてしまう。それにフランスも入れて四か国条約にしてしまう。これが一九二一年に結ばれた太平洋方面における日英米仏四国協定です。こんなものは今は誰も覚えてもいないし、事実その後何の役にも立たなかった。いざという時、誰もどこにも助けに来ないのですから何の意味もない。そしてこの協定が締結されると同時に日英同盟は失効しました。

ところが同じようなことがその頃ヨーロッパにあったのです。フランスは戦争に勝ったけれどドイツの方が強い。できればアメリカ、少なくともイギリスとの同盟でもって守りたい。

ところがアメリカが、「同盟なるものは駄目だ。そんなものは古い。みんなで仲良くする条約を作ればいいいんだ」と言う。それで英仏独伊、それにベルギーなどを入れてロカルノ条約を作ったのです。つまり、みんなで仲良くしましょうという条約で、これもまた何の役にも立たなかった。

それがウイルソン主義です。みんなで原則を決めて仲良くすれば、それでいいじゃないか。それまでは、同盟の力のバランスで平和を維持していたのに、力のバランスを使ってはいけないということになったのです。

そうすると安全な国というのは、アメリカは四十八州あるからいい。その上モンロー・ドクトリンがあって南北アメリカは俺のものだと言うので、アメリカは大丈夫。イギリスは大英帝国を持っているから大丈夫。しかし、それ以外の国はばらばらになってしまい、むしろ、ジャングルのように、弱肉強食の世界になりました。

もう、日本を誰も守ってくれない。

日英同盟は日本にとって最高の同盟でした。というのは、日本とイギリスが世界最高の海軍を持っていたからです。その頃、空軍はありません。だから日本は百パーセント安全です。世界中の海上交通路は、日本とイギリスが牛耳っていた。だから、世界中の資源が手に入る。百パーセント安全で繁栄していたら、自由が欲しくなるから大正デモクラシーになる。日本にとって一番いい時代でした。

しかし、日英同盟がなくなると、自分で自分を守らなければいけなくなります。自分で自分を守るとなったら大変です。百パーセントの安全ということは、敵も安全だから五分五分でどっちが勝つかわからない。こっちが百二十パーセント、百五十パーセント持たなければならなくなる。それまでの日本の生命線が朝鮮半島だったから、満州に延ばした方がより安全だ。

つまり、ウイルソン主義は、世界を弱肉強食のジャングルにしてしまったのです。

それから後の日本の外交は孤立外交です。

冷戦が終わったすぐ後には、「日米安保条約は古い、むしろ日米中露の四か国条約を作ろう」という話が、アメリカの学者レベルですが、ほんとうにありました。私は「とんでもない、日英同盟の後の四か国同盟と同じではないか」と言って、これを潰したことがあります。歴史は繰り返すのです。

もし日英同盟が続いていたら？

もし、日英同盟が続いていたらどうなっていたか。

幣原が余計なことをしなければ、続いたのです。ただ、幣原は功名心とか、才子才に溺れてそうしたわけではない。幣原はその後も平和外交に徹して、日本の外交を指導します。そしてある時期は成功しますが、やがて挫折します。それが幣原外交の悲劇です。幣原はアメリカの善意を完全に信頼していた。それでやっていけると思っていた。しかし、実際はあてにならなかった。特に中国問題では、幣原はワシントン会議の精神を誠実に守って、すべてを法の支配の下に話し合いで解決しようとした。しかし、アメリカは、その後既存条約を尊重しようとしない中国のナショナリズムの方に加担するようになるのです。

もし、日英同盟が続いていれば、日本では軍人が跋扈《ばっこ》することはなかったでしょう。昭和天皇はほんとうの親英平和主義者ですし、西園寺など重臣は親英です。海軍はアングロ・サクソンと戦争をする気は全くなかったのです。そうすると、すべての国際紛争は、同盟国の意見尊重ということですべてが収まったでしょう。陸軍の発言は抑えられたでしょう。

たとえ、満州事変が起こっていたとしても、満州事変の解決のためにイギリス人が書いた、リットン報告書は好意的です。「これは日本の侵略というものではない。また戦争前を戦争後に戻すことは無理だ」といって、実際は日本の影響力を認めるようにしようという話です。それで完全に収まっています。

おそらく日英同盟が続いたら、そういうことになっていたでしょう。しかし、それを潰してしまったのです。その幣原の判断は、「今や旧外交は終わって、新外交の時代。同盟は古い。お互いに条約を守って、理解尊重し合えば、うまくやっていける」と信じたところにあったのでしょう。

もし日英同盟が続いていたらどうなっていたか。

あの頃の日英同盟に一番反対したのは孫文です。日本とイギリスは、中国に対して権益を持っていましたから。同盟が続けば日英共同でもって、中国の権益を守り続けることになったでしょう。おそらく守りきったでしょう。日本は遼東半島と満州鉄道、イギリスは香港。一九九七年に香港をイギリスが平和裡に返還する。その頃に日本が大連旅順を平和裡に返還する。おそらくそうなっていたでしょう。日本の敗戦が一九四五年ですから、遼東半島返還は五十年遅れたことになります。

アジアの民族主義者の屈辱と挫折感は、もう半世紀続いたわけです。中国だけでなくインドでも続いた。大東亜戦争がなければ、植民地解放の時期は大幅に遅れたでしょう。それは間違いない。

それは間違いないけれど、他面、民の苦しみというのは戦乱よりひどいものはない。民衆は戦乱でものすごく苦しんだのです。そして今となれば結局は同じようなことになっていたでしょうが、その間、戦争はなかった。その代わり、民族主義者の挫折感と被抑圧民族の苦悩はもう半世紀続いた。

それがいいか悪いかそんなことはわからない。すべて歴史の流れの問題です。

孤立外交の中で満州事変

そこから日本は孤立外交に入ります。
満州事変も支那事変も孤立外交の中で起こった事件です。

満州事変の遠因は日露戦争にあります。日露戦争に勝った結果、日本はロシアから遼東半島の租借地と、満州を南北に縦断する鉄道の南半分を譲り受け日本の勢力圏に築いていました。

中国大陸は清朝瓦解《がかい》以降、軍閥割拠の状態が続きましたが、昭和三年には蔣介石《しょうかいせき》率いる国民党軍が広東から北上して、遂に北京を制圧しました。そして満州軍閥の張《ちょう》学良《がくりょう》は国民政府に帰順しました。

国民政府は、革命外交を標榜し、最終的には、南満州鉄道、租借地を含むすべての外国利権を回収する方針を打ち出しました。

といっても、日本は国際条約上の権利があります。法的にも理屈は通らないし、もとより武力ではとうてい日本にかないませんから、国民党が取った方針は排日、侮日《ぶにち》運動でした。それは満州在留日本人、特に女性、子供に対して、石を投げる、唾を吐く、物を売るのを拒否するなど、侮辱的ないやがらせをして、日本人をいたたまらなくさせて追い出してしまうという作戦です。

多年満州で生活を営んできた日本人は生活を脅かされて、軍の介入と庇護を求めます。

満州事変が日本の自衛のためだという論理も、ここからきます。国際法でいう自衛ではないかもしれませんが、国際法というのは、もともと責任ある国家と国家の関係を律する法律ですから、これは国際法以前の自衛の問題です。

満州事変を総括したのは、国際連盟によるリットン報告書でしたが、その中で「満州は世界で他に類例のない地域であり、満州事変は単に二つの国の間で戦争があったとか、一つの国が他の国を武力で侵略したとか、そういう簡単な事件ではない」と判断されている通りの事態でした。そして報告書は、事変前の状態への復帰でなく、日本が干与《かんよ》した大幅な自治を提案しています。

常識的に言えば、そのあたりが国際的にも妥当な線であり、日本もそれで満足すべき解決でしたが、これを事実上不可能にさせたのが、石原莞爾《いしはらかんじ》の神謀鬼策でした。

幣原喜重郎を外相に持つ政府は、事ごとに事態不拡大方針を内外に打ち出しましたが、石原は常にそれに先まわりして既成事実を積み重ね、わずか一個師団で全満州を制圧する一方、満州の諸軍閥を懐柔して、自発的に中央からの分離を宣言させ、満州国建国の既成事実まで作ってしまいます。そして世論は圧倒的に関東軍の行動を支持し、幣原外交は全く孤立してしまいます。

昭和を通じて親米英外交を貫いた西園寺公望でさえ、「幣原外交は、オーソドックスで間違いないものとして支持して来たが、いかに正しいことでも、国論が挙げて非なり、悪なりとするに至っては、生きた外交をする上では考え直さねばならない」と洩らしたような状態でした。戦後の偏向史観では、昭和初期の日本の拡張主義政策はすべて軍の独走であったとされています。たしかに、軍の一部がその先頭を走ったことは事実ですが、日本国内には、まだ大正デモクラシー以来の伝統で、これとバランスを取って抑える政治勢力も存在していました。しかし、これを抑えることを不可能にしたのは圧倒的な世論の力でした。

大日本帝国の暴走と破滅には、国民の世論の責任があります。すべてを軍の責任にするのは卑怯な史観です。それは、戦後反戦平和を叫び続けた世代、今は七〇代、八〇代の世代が戦時中にいかに軍国少年、少女だったかを胸に手をあてて思い出せば、誰にでもわかることです。

中国側によって起こされた支那事変

支那事変の発端である昭和十二（一九三七）年七月七日の蘆溝橋《ろこうきょう》事件は、戦略的にも戦術的にも、すべて中国側によって起こされたものです。

すでに述べたようにそれは、日清戦争が、戦略的に日本側が欲した戦争であり、戦術的にも日本側から先に発砲した戦闘で始まったのと、ちょうど逆のケースです。

もともと歴史に善悪是非を持ち込むべきではないのですが、敢えて日本が悪かったとしたいならば、その前の北支工作が中国側の忍耐の限度を超えていたから、というのならば、それはそれなりに正確な史観です。何も最初の発砲まで、いずれが射《う》ったか不明だなどといって、中国を庇《かば》う必要はありません。

むしろ、現在の中国共産党政権としては、蘆溝橋事件は日本を見通しのない戦争に引きずり込み、国民党軍を矢面に立たせて消耗させ、中国共産党勝利に道を拓《ひら》いた戦略的大成功なのですから、誇りこそすれ恥じるところはないはずです。

あるいは、そんなことは百も知りながら、日本側が意図的に侵略を開始したといい続けることによって、現在の日中外交関係で、日本側に負い目を作らせようという発想を中国政府が現在でも持っているのならば、まだ、少なくとも日中間では、公正な歴史についての共通認識を持てる時機が来ていないということです。

蘆溝橋事件の前年、昭和十一年頃から中国の雰囲気は、たしかに変わってきました。

もう日本と一戦交えてもいいという雰囲気が瀰漫《びまん》し、それを背景に、日本の水兵、船員、在留邦人に対する殺害事件が相次ぎ、八月の成都事件では新聞記者二名を含む三人が群衆に殴打殺害されます。どれ一つとっても、日本が戦争の口実にできるような事件でした。

それまでの張作霖《ちょうさくりん》爆殺、満州事変、第一次上海事変、各種の北支工作等の発端となった事件は、敗戦までは支那側の挑発による事件といっていましたが、敗戦後、ことごとく日本軍が仕組んだ事件だったことが白日の下に曝《さら》されています。

ところが、蘆溝橋事件を含む昭和十一、十二年の諸事件には、日本側の秘密工作の気配もなく、東京裁判もこの点は問題にしていません。

中国国民の感情の爆発か、国民党下部の独走か、あるいはもっとも可能性の高いものとして、共産党系の戦略によるものか、いずれにしても全部中国側からの挑発です。日本軍の規律、過去における工作の手口から見て、蘆溝橋で日本側から発砲した可能性は皆無といえます。

そして、事件発生後、日本側は政府も軍も不拡大方針を明らかにし、現地でも停戦協定ができますが、その実施を次々に妨害し、戦争拡大を不可避にしたのは、満州事変の時とちょうど逆に、ことごとく中国側です。

七月二十六日には、広安門事件があります。それは日本軍が北京城内に還《かえ》ろうとして広安門を通過中、中国側が通過半ばで門を閉じて、城外に残された部隊に銃撃を加えた事件で、これでは戦争にならない方がおかしい事件です。

そして八月九日には、上海で大山勇夫中尉が保安隊の一斉射撃で殺されます。上海に飛び火すると、現地の戦力比からいって、在留邦人の生命が危険に曝されるので、その場合、陸軍二個師団派兵が陸海軍の間で決まっていました。

しかし、それは上海周辺の強力な中国軍の力を考えれば、全面戦争を意味します。これを要求しなければならなかった米内光政《よないみつまさ》海相は、その苦衷《くちゅう》を緒方竹虎《おがたたけとら》に洩らしています。

上海事件のもう一つの深刻な問題は、それが本来日本の居留民を守るのが目的の保安隊の反乱だったということです。そうなると、もう日本人の安全を保障するものが何もなくなったということです。それより前の七月二十九日の通州事件こそ、在留邦人を恐怖のどん底に突き落とすものでした。

通州は長城以南では、日本支配が最も安定した地域として多数の日本人が安心して暮らしていました。ところが、日本軍隊が蘆溝橋事件で町を離れた留守に、三千人の中国保安隊が反乱しました。

日本人の死者二百名、特に現場に遺棄された女性の死体に残る意図的な凌辱のあとは、目を蔽《おお》わしめるものがありました。

これでは、全中国の在留邦人が皆殺しにされるか、多年の事業を全部投げ捨てて日本に帰るか、あるいは戦争か、それ以外の選択肢はない状態となってしまいました。

そこで日本は見通しのない戦争に入ってしまいます。

もっとも、事変を早期に収拾する可能性はありました。

それはまず中国側の戦略が計算ちがいだったからです。中国側は、今度こそは日本に勝って見せるという意気込みで、種々の挑発をしたのですが、やって見ると戦闘力がまるで違いました。

それがわかった時期、つまり、中国が最精鋭を集めていた上海周辺の防衛線が崩れて南京に向いて敗走していた時期が、今から考えて唯一のチャンスでした。

現に、その時点で昭和天皇の御意向もあり、また、参謀本部には石原莞爾、外務省には石射猪太郎《いしいいたろう》東亜局長が中心になって和平を進めました。その内容は、国民党側としても十分受け入れ可能なものでしたが、軍の中の強硬派が石原を追い出し、杉山陸相を突き上げて潰しました。その時、近衛首相も広田外相も軍の意向には無抵抗でした。

この機を失したあとは、支那事変は泥沼となります。

実態は不明、南京事件

南京事件もその間起こった事件です。

南京事件はいまだにそれが実在したか否かさえ論争が続いています。それは、南京事件を取り上げた東京裁判があまりにも、一方的な杜撰《ずさん》な裁判であり、平和時の有能な弁護士から見れば、すべて証拠不十分で却下するのが当然のようなケースだからです。

ただ、通常の占領で起きる以上の規模の越軌《えっき》が行われたことは認めざるを得ません。参謀本部の堀場一雄は「一部不軍紀の状態を現出し、南京攻略の結果は十年の恨みを買い、日本軍の威信を傷つけたり」と書き、石射は「掠奪《りゃくだつ》、強姦《ごうかん》目もあてられぬ惨状とある。嗚呼《ああ》これが皇軍か」と日記に記し、事件後松井石根《いわね》将軍は、「お前達は何ということをしてくれたのか」と歎《なげ》いたといいます。

どれも本人が、その場で見たわけではないので、裁判次元では伝聞に過ぎませんが、これだけ立派な人々の証言を無視して歴史は書けません。

他方、被害者が二、三十万というような数字は、問題外で荒唐無稽《こうとうむけい》です。そんなことは、当時の国共両軍が戦闘の際の相手の虐殺の数と、その残忍さを誇大に報じ合っているのを見れば、宣伝上の数字であることは常識でわかります。そんなものを真実のように取り上げた東京裁判の程度の低さを実証する何よりの証拠です。

実態は今となっては不明ですが、通常の占領より犠牲者の数が多かった一つの理由は、これは中国側の戦時国際法違反ですが、民間人の服装で背後から攻撃する便衣《べんい》隊が活動し、それだと疑われた人々の処刑があったことです。もう一つには、これは明らかな日本側の戦時国際法違反ですが、どこの戦場でもその場の状況で間々あることとして、「捕虜を取らない」ということがあったようです。

いずれも中国側の当局が逃亡して、占領を受け容れる者がいない事態から生じた混乱の結果ですが、数字は少なくとも一桁違いましょう。

その他、通州事件等の過去の排日侮日運動に対する鬱憤《うっぷん》、これで戦争が終わったと思った気の緩みなどで、ある程度の無礼講《ぶれいこう》、越軌があったことは否定できないようですが、それにしても、暴行など個人の犯罪的行為の民間人犠牲者が千単位を越したとはとうてい考えられません。

たしかに南京事件は、規模は東京裁判の判断より遙かに小さくても、実在しました。ただ、戦後の偏向教育が教えているように日本軍が全中国で、暴虐、凌辱《りょうじょく》の限りを尽くしたというのは誤りです。

真っ先に占領した北京では、日本軍は寸毫《すんごう》も侵さず、三十六年前の北清事変の白人兵の蛮行を覚えている古老達から、日本軍司令官の銅像建立の議が上がったといいます。

南京の次の漢口では、岡村寧次《やすじ》司令官は、南京事件を繰り返すなと厳命して、暴行事件は皆無です。

岡村はその後、支那派遣軍の総司令官となり、焼くな、殺すな、犯すなの三戒を徹底させます。

その後占領した諸都市は、最後に占領した洛陽も含めて、歴史的文物は完全に保護され、今でも観光資源となっています。

敗戦後、日本軍が惜しまれながら去ったという話もあり、それはほんとうでしょう。

日本軍の後にどんな軍閥、土匪《どひ》が来るかも知れず、また共産軍が来れば、旧勢力は徹底的に粛清《しゅくせい》されるわけですから、日本軍が去るのを不安な気持ちで見送ったのは、自然の反応で何ら驚くことではありません。

南京事件は、戦争中日本人は誰も知りませんでした。東京裁判でこれが知らされ、しかも占領軍の厳しい検閲の下で、これへの批判も反論も疑念も許されない中で、事実として知らされたのは、日本人の心理に大打撃を与えた事件でした。

それまで、日本人は、日本軍人は、日露戦争で世界中が認めたように軍紀厳正で、敵に対して寛仁《かんじん》であり、模範とすべき武士道的軍隊と思っていたのに、そのイメージが崩れたのでショックが大きかったのです。

しかし、実際は右のようなことだったのでしょう。

南京事件を直視して、日本人も他の国民とあまり変わらない人類の一員であり、時と場合によっては、誘惑に負け、放恣《ほうし》に陥る人間的弱みを持っていることを認めるのは、将来の日本にとって悪いことではないでしょう。

他方、日本人の伝統には、他国にない、遵法精神と規律があり、それが中国でも南京事件以外の場所では見事に発揮されていたのを知ることも、今後日本人の矜持《きょうじ》を高め、今後益々、他国民に誇れる行動をするための精神的支えとなりましょう。

意味のない三国同盟

日英同盟が切れてから日本は、孤立外交になります。孤立が深まり、国際関係の緊張が増すにつれて、日本は、いわゆる枢軸国、つまり独伊との協調に走ります。そして一九四〇年には日独伊、三国同盟になります。

三国同盟の話は全くくだらない。馬鹿馬鹿しくて話をする気もしないものです。戦争中はずっとドイツの外務大臣ですが、ヒットラーの子分で、初めは自分の個人事務所を持っていたリッペントロップという人がいました。そういう人は自分は外務省など無視している、外務省をバイパスして何かをしたということに、誇りを持つような人です。その人が日独防共協定を作りました。

日本の参謀本部にだけ連絡をして、半年くらい日本の外務省もドイツの外務省も何も知らなかった。それがわかった時は、ヒットラーもそれでいいと言って、既成事実になっていました。リッペントロップは「外務省なんか外交を何もやっていない、俺がやっているんだ」ということに満足感を感じるような人です。実は、日本の参謀本部もそうでした。ドイツのリッペントロップと日本の参謀本部が一緒になってやった話です。

これに対して、日本の外務省欧米局長だった東郷茂徳《とうごうしげのり》は大反対をします。「反共目的の協定ならイギリスも入らなかったら駄目だ。イギリスが入るなら良い」と言ってイギリスも同じ協定を結ぶことを条件にして、防共協定締結に賛成しました。

それがおもしろいことは、日独防共協定ができると、ヒットラーがリッペントロップをイギリス大使に任命する。「おまえの任務は、この協定にイギリスを入れることだ」と。共産主義に対する協定を作るのにイギリスが入らないと意味がないということは、日本も知っていたし、ドイツも知っていたのです。

日本はドイツと組んだって何の意味もないけれども、イギリスと組めば中国大陸の共産主義勢力に対抗できるから、これは意味があります。ヒットラーはソ連と対抗できるから意味がある。国際政治から言えば日本もドイツも二国だけではお互いには何の意味もなかったのです。

ところがリッペントロップという人は、下品な人なのでイギリスで嫌われる。強引なことを言うけれど、イギリス紳士から全然相手にしてもらえない。イタリアの外務大臣チアノが「裏切られた恋人への恨み」と評していますが、それでイギリスを敵にする条約を作るんだと彼は言い出すのです。またそれに日本の軍がのったのです。初めの考え方と全然違うのですから、実に変な話です。

それから後は協定をもっと進めて日独伊、三国同盟、枢軸同盟を作ろうという話になりました。その時も、まだ、主たる目的は反共です。

平沼騏一郎《きいちろう》総理大臣が話を進める。進めている最中に、ドイツがポーランドに侵入して独ソ不可侵協定を結ぶのです。反共の条約を作ると言っているのにソ連と条約を締結する。それで平沼騏一郎は裏切られて「複雑怪奇」と言って総理大臣を辞めてしまいます。

その後は米内光政《よないみつまさ》が総理大臣になりました。米内光政は海軍の人で、アングロ・サクソンと絶対に戦争をしてはいけないということをよく知っている人です。そして三国同盟は決して結ばせない、と信念を貫きました。アメリカ大使のグルーなどに、「ファシズムの連中は征伐したから安心していい、もう大丈夫」とそこまで言うのです。

ドイツの快進撃

ところがその頃、ドイツが急に勝ち出しました。

北欧を全部征服して、それからフランスに向かってパリまで占領してしまうのです。この戦況は当然外交にも影響して、ドイツがあまりにも強いものですから、「バスに乗り遅れるな」ということで、もう一度日独伊三国同盟推進派が強くなりました。

陸軍は、枢軸の連繫の強化を要求して、それをのまないのなら米内内閣を潰すと言うのです。陸軍大臣畑俊六《はたしゅんろく》は、天皇陛下から米内と協力するようにとの御指示を受けていたので、最後までこの動きに加わりませんでしたが、ついに陸軍の要求書を米内に突き付けます。

陸軍の連中が参謀総長だった閑院宮《かんいんのみや》様に頼んで、閑院宮様の直々の命令で要求書を作りました。閑院宮は陸軍で一番偉い。しかも皇族です。抵抗できない畑は要求書を米内に突き付けます。米内は「俺は反対だよ」と言う。畑がそれでは辞職しますと言って辞職した後、陸軍は陸軍大臣を送らないので米内内閣は潰れました。

畑という人は真面目な人で、その要求書を持って行った時にほんとうに思い詰めた顔をして持って行った。米内さんはそれを見て、この男は自分のしたくないことを無理矢理している、自殺をするのではないかと思ったと言います。自分が内閣総理大臣の座を奪われることになる、その相手である畑であるのに、そのくらい相手のことを心配したのです。

その後、東京裁判で陸軍がいかに悪いかを裁判長が示そうとして、その突き付けられた要求書を見せて、「そういうことがあったんだろう」と証言を得ようとした時に、米内さんは「記憶にありません」と言いました。忘れるわけがない。それを突き付けられて辞めたのですから。裁判長が「そんなことを言ったって、その時の新聞に出ていた」と、新聞の切り抜きを持って言って見せたら「字が細かくて読めない」と言う。それで裁判長が「おまえは馬鹿だ」と言って侮辱しても、米内さんは泰然としていました。米内という人はそういう人でした。

三国同盟を締結した松岡洋右

米内内閣が倒れても、まだ三国同盟はできませんでした。それが近衛内閣ができるや否や、すぐに締結してしまうのです。昭和十五年、戦争の前年のことです。これをやったのが、松岡洋右《ようすけ》でした。

これがまた乱暴な話で、九月四日に突然、ガリ版で二十ページくらいの条約案を自分で書いて、それを誰にも相談しないで閣議に持って行って、この条約を作りたいと言う。みんな何だと言うのですが、交渉だけはさせろと言う。交渉だけならいいだろうと言って交渉させると、九日から交渉をはじめて、十九日に成文ができて、二十七日にはベルリンで条約に署名をしてしまう。

西園寺、天皇陛下はもともと反対でした。

しかし西園寺には、近衛とか木戸が「公爵にはお気の毒だ」と言って知らせない。だから西園寺は全然知らなかったのです。同盟ができたと聞いて、寝耳に水の西園寺は、そばにいる女性に「もうおまえ達も畳の上では死ねない」と言ったそうです。もう、一年後に戦争ですから、西園寺には、日本の将来がわかっていたのです。

天皇陛下は三国同盟の報告を受けて、「もしアメリカと戦争になって負けたらどうするんだ、そうなったら近衛はいったい自分と苦労を共にしてくれるんだろうか」とご下問されたと言われています。

だから天皇陛下も西園寺もアメリカと戦争になって負けるとわかっているのに、それを近衛も松岡も全然わかっていない。つまり物事が見えていなかったのです。

見えているということが、どれだけ大事なことか。天皇はよく見えている。

この時の政府の中枢にいた人の中では、アングロ・サクソンについて、天皇は一番経験を積んでいたのです。外交についても、世界情勢についても、何もかも全部知っていました。同じように若い日にヨーロッパでの経験のある西園寺も、もちろん知っていました。

松岡は三国同盟を作って、世界を縦に三つに割ることを考えたのです。だいたい世界は東西に動くから戦争になる。南北に動けば戦争にならない。アメリカは南北アメリカを持っている。それで十分でないか。独伊はアフリカを取って、日本は東南アジアを取って、ソ連にはインドをやる。日独ソ、連携してアメリカはアメリカ大陸に封じ込めればいい。ソ連と中立条約を結ぶことまでしたのです。

こんな子供っぽい考え方で国の運命を左右されたのではたまったものではありません。実はある時期にはヒットラーもリッペントロップも同じように考えていて、松岡はその影響を受けたのでした。

しかし、ヒットラーの考えは変わって独ソ開戦になり、この考え方はまるっきり裏切られることになりました。その時に三国同盟を廃棄してもよかったくらいです。こんな支離滅裂な同盟はない。

だいたい日独防共協定を作った時は、日本国民の孤立感を少し和らげるくらいならいいだろうというのが理由でした。満州事変以来、一匹狼になっています。その前から日英同盟を外れていて、孤立していました。孤立感を和らげるために、友達の一人くらいいるのはいいだろうということです。結局はぐれものが集まって孤独感の傷をなめあったということでした。他方日本が真珠湾を攻撃した後で、ドイツがアメリカに参戦する必要はなく、もう少し頑張ってもよかった。しかし、すぐに参戦します。その時は、もうヨーロッパでは東部戦争が行き詰まっていました。日本はどんどん勝っているし、その方がドイツ国民の士気を鼓舞できるだろうと判断したのです。この同盟は、要するに心理的な同盟です。地勢学的、戦略的、そういう基礎が何もない。そういうむちゃくちゃな同盟でした。

日米外交

一九三七年の支那事変の頃から、ローズベルトは日本との戦争を欲していました。ローズベルトが真珠湾攻撃を事前に知っていて、故意的に隠したとかいろいろ言われていますが、そういう細かいことはどうでもいいことです。いずれにしても戦争になればいいなあと思っていて、できれば戦争になるように持って行ったのは間違いないことです。

キッシンジャーはローズベルトを褒《ほ》めています。「ローズベルトがありとあらゆる手段を使って戦争に持ち込んだ。嫌がるアメリカを戦争に持ち込んで、それで世界の自由を救ったんだ。これは偉大な功績だ」と言うのです。アメリカ国民に対してもいろいろな手練手管を使って、戦争へ戦争へと持って行きました。

まず、支那事変が始まってすぐにローズベルトがした隔離演説です。その頃はアメリカは孤立主義、モンロー主義ですから国民には「絶対に外へ出ない。戦争をしない」と言っている。ちょっとでもそれに近いことを言ったらアメリカ国民は反発をするから、ごまかしごまかし言っています。

つまり「悪い病気が流行っているから、流行らないようにする」という言い方をしたのです。しかし、その後のオフ・レコの記者会見などもあわせてよく読むと、戦争にそなえろと言っていることがわかります。

それから、日本に対してはいろいろな禁輸措置を次々にして、最後は石油禁輸をすれば、日本が困ってしまうことは初めからわかっていたことでした。

太平洋戦争は避けられたか

これを避ける方法があったかというと、最後の日米交渉の一つに、アメリカ人の宣教師が中心になってやった、日米諒解案がありました。

これは日本では、近衛も、東条陸軍大臣もこれで行こうと言うのですが、松岡が潰してしまうのです。この時の松岡の独走ぶりもひどいものです。ただこの案は成立しなかったでしょう。宣教師ということもあり、米政府も一応はたたき台として受けましたが、日本にいいことばかり書いてあるのですから、最終的にはアメリカがのむはずがない内容でした。

近衛文麿は、松岡があまりにひどいので、天皇陛下の御意向で、松岡を首にしてしまう。その後でローズベルトと直に会おうと言うのです。グルーを呼んでグルーの横にドーマンという日本語のうまい人がいた。ドーマンに秘かに、「ローズベルトに是非会いたい。ローズベルトに会ったら拒否できない提案を自分は持っているんだ。提案をローズベルトがのんだら、天皇陛下に言って実施してもらう」と言う。

その内容は不明ですが、だいたいはわかります。もう問題は煮詰まっていましたから。一つは満州を除く全中国からの撤兵、もう一つは三国同盟の事実上の廃棄です。それなら、ローズベルトは全く反対できない。

それを持って帰ってきて天皇陛下がやれと言ったら、時の陸軍大臣は東条です。東条という人は、天皇陛下の命令を絶対に聞く人です。また部下を徹底的に統制する人です。東条が一番適任だったでしょう。

しかし、それをアメリカ側の役人が潰した。トップだけで会わせないで、まず下から積み上げてから首脳会議にしようという。下から積み上げて、そんなことができるわけがないのです。

特に日本では、上からの天皇の命令なしに、積み上げで陸軍が中国からの撤兵案をのむはずがありません。このトップ会談は実現されず、それが流れてからは、もう戦争回避のチャンスはありませんでした。

無理難題のハル・ノート

相次ぐ禁輸措置で、日本を経済封鎖して追い詰めていたアメリカは、一九四一年十一月二十一日に日本から提示された暫定案乙案に対する回答としての戦争を引き延ばすための暫定案を作っていました。ハル・ノートはもともと、その暫定案の付属案だったのを、それだけを切り離して出したものです。なげやりな戦争覚悟の交渉態度です。

この付属案は、暫定案を日本がのんだ場合、それから交渉に入る時に、アメリカが要求する最大限の要求を全部書いた案です。つまり、アメリカの最大限の要求ですから、それまで交渉したことが全部意味がなくなります。日本の全面的な中国からの引き上げ——全中国の中に満州が入っていないとも書いてありません——汪兆銘《おうちょうめい》政権の否定、三国同盟の無効化という最後通告になってしまいます。

だからこれを見て、日本では誰も彼も戦争だと、これは交渉の余地がない判断と思ったのは当然でした。

むしろハル・ノートをニューヨークタイムスか何かにリークして公表してしまえば、アメリカの世論、アメリカの識者が読んだら、これはむちゃくちゃだと、これは日本に戦争をしろと言っているようなものだと皆が思うような無理難題でした。

それで、それまで戦争に反対していた東郷外相はじめ、みな駄目だ、戦争だとそうなってしまった。

それまでに日本側も暫定案を出したのですが、どんな暫定案も戦争を半年延ばしただけで、むしろ半年の間にアメリカが戦備を強化しただけになっていたでしょう。暫定案をのむなら、すぐに戦争をした方が日本は得だったのです。

ちょうど真珠湾攻撃の頃にドイツ軍の前進がモスクワで止められてしまい、ひと冬越すことになりました。人によっては、それで戦局が変わるから日本は戦争をやめたかもしれない、と言うのですが、半年のばしたところでそうはなりませんでしたでしょう。

その年の暮れにモスクワは取れなかったけれど、春季攻勢ということで、春になったらドイツが勝つと皆思っていました。ドイツがほんとうに負けるとわかるのは、次の年の冬にスターリングラードで負けてからです。だからまだ一年間はドイツが勝つと思っていたのです。

太平洋戦争開戦

繰り返しますが、ハル・ノートを日本がのむということは、戦争をしないで全面降伏するということですから、ハル・ノートが出てからは、もう日本側としては戦争以外の選択はありませんでした。

アメリカの歴史家が言っていますけれど、ハル・ノートを受諾すれば、おそらくは日本では陸軍のクーデターもあったでしょう。結果としては、混乱の中に結局は戦争になった可能性が大です。

後は戦争をどう戦うかということです。いろいろな選択肢があったはずでした。

しかし、真珠湾攻撃は、それから後の政戦略の可能性を全部封じてしまいました。

真珠湾攻撃の報を聞いて、チャーチルは、「これで勝った、あとは日本を叩き潰すだけだ」と言って、初めて安らかな気持ちで眠りについたといいます。

また、アメリカの閣議でも、日本がこういう形で戦争開始の決着をつけてくれたので、ほっとしたという雰囲気が流れたといいます。

もしあの時に、日本がハル・ノートを公表して、その上で石油禁輸の解除を要求して期限付きの最後通知を出していたならば、アメリカは戦争ができたかどうかわかりません。

かつてムッソリーニはエチオピアを占領した時に、石油禁輸の警告を受けましたが、「それは戦争を意味する」と宣言したため、国際連盟は石油禁輸を実行できませんでした。

石油禁輸を実行すれば、日本が戦争をしなければならないことは、誰の目にも明らかなことですから、アメリカの国民から見て、戦争を挑発したのは、アメリカ側ということになります。

またハミルトン・フィッシュも言っているように、ハル・ノートは到底日本がのめない要求であることも明らかです。こういう形で、もしアメリカが無理に戦争を始めても、米国内の反戦気運は抑えようもなかったでしょう。

かつて私はベトナム独立の闘将、ベトナム戦を通じての外務大臣だったグエン・コー・タックと話をしたことがあります。

彼はもう好々爺となっていて、息子はアメリカにいるのだと話してくれました。「ベトナム戦は大変だったでしょう？」と私が聞くと「いや、あんなやさしい戦争はなかった。われわれはアメリカと戦っていればよかったが、アメリカはわれわれと国内世論の両方と戦わなければならなかった。われわれはアメリカに人的損害を与え続ければそれでよかった」と言いました。

そこで私が「アメリカは硫黄島で二万人の海兵隊を失った」と言いますと、彼は「二万人？」と言ったまま絶句して何も言いませんでした。それでどうして日本が勝てなかったのだろう、という思いが明らかに彼の頭の中を駆け巡っていました。たしかにハル・ノートを公表して、堂々と宣戦布告をしていれば、硫黄島で、もう米国は戦争を続けられなかったでしょう。

戦略と戦術と戦力と

大東亜戦争においては、日本の陸海軍は日清日露以来の軍の伝統に背かない世界最高度の軍事能力を発揮しました。

戦争においては戦略がよければ、戦術は少しくらいまずくても取り返しはつきます。しかし、戦略が悪いと、戦術がよければよいほど深みにはまって、破局に向かって抜き差しならなくなります。

真珠湾攻撃は戦術的には大成功でした。空母機動部隊を組織して、太平洋を横断してハワイを攻撃するようなことは、それまでの戦術では誰も考えなかったことです。いま、アメリカが七つの海に空母機動部隊を派遣して、世界の覇権を唱えていますが、真珠湾を攻撃したのが、世界初の空母機動部隊でした。アメリカはそれをマネしたものです。

またその時までに鍛えた日本海軍航空隊の能力は、世界の最高水準でした。ただその戦術があまりにも完全に成功したためにアメリカ国民の戦意を、もういかなる方法をもっても変えられないほど固めてしまったのです。

硫黄島の防衛戦は戦史に残る傑作です。四日間で占領できるはずの小島を一か月以上支え、米軍に対して日本軍を上回る損害を与えています。

しかしその結果、日本本土の最南端の島にとりかかっただけで、これだけの損害を出すのでは、とてもたまらないということで、原子爆弾の使用、ソ連の参戦を正当付ける理由になってしまいました。

もし戦略がよければ、硫黄島、沖縄の善戦はアメリカ国内の反戦気運を高めて、日本全土が爆撃で焦土となる前に、戦争を終わらせたでしょう。それならば、硫黄島の戦士の霊ももって瞑すべきものがあるでしょう。しかしそれが結果として広島、長崎の市民と満州の邦人の言語を絶する惨苦を招いたのは、すべて戦略が悪いからです。

いずれにしても大東亜戦争は戦略なしの戦術だけで、勝てる戦争ではありませんでした。戦争中に日本が作った、本格的空母は七隻、護衛空母七隻に対してアメリカは本格的空母二十六隻、護衛空母百十隻を建造しています。これだと戦争ごとに、わが方が百パーセント勝つ戦争を数回続けなければ間に合いません。その可能性はゼロの戦争でした。

情報の不足が招いた戦略の誤り

戦略の誤りというのは、結局はアメリカというものを知らなかったからです。戦前史を通じてみて、取り返しのつかない大きな失敗は二つしかありません。それは幣原喜重郎による日英同盟の破棄と、山本五十六による真珠湾攻撃です。他の失敗は、たとえば、戦後の偏向史観ではそれが日本の破滅の原因のように言われている、対支二十一カ条要求でも、満州国建国でも、その後何回でも挽回の可能性はありました。

しかし、日英同盟の廃棄と真珠湾攻撃は、その後の政戦略の余地を奪ってしまいました。しかも、それは昭和期のもっとも傑出した二人が発揮した個人的能力の結果です。それが愚鈍とまでは言わなくても、せめて凡庸な人の失敗であれば諦められますが、もっとも優れた人達の失敗だったことが残念でなりません。

つまりは、アメリカというものの本質を二人はわかっていなかったのです。アメリカの言いなりになって、もう同盟は古い、と考えて付き合った幣原、アメリカの世論の恐さを知らなかった山本五十六の失敗です。しかも、二人ともその時代ではもっともよく米英世界を知っていた二人です。この二人だけでなく、アメリカという全く異質な強大国の出現に、世界中が幻惑されたのが二十世紀の歴史といえるのでしょう。

ただ今となれば二人の失敗は明白です。第二次大戦後の世界ではグエン・コー・タックまでが、よくわかっていたアメリカの弱点を知らなかったのです。要は情報でしょう。アメリカという国についての正確な情報なしに、外交、軍事を行っていたのです。

勝つためだけでなく負けるためにも武力はいる

軍事力についてもう一つだけ付け加えます。

敗戦時、中国大陸には軍以外にも多くの一般の日本人がいました。彼らの引き揚げが、満州国と中国とで、全く違ったものになった原因は、軍事力にあったのです。

日本が戦争に負けた時に中国にいた在留邦人五十万、軍人百万が整々として引き揚げました。北京など中国では日本軍は最後まで武力を維持し、邦人を守り、帰国させ、軍は日本に帰国の際に武装を解除しています。これに対して満州の日本人は惨憺《さんたん》たる目にあいました。これは満州では降伏と同時に、大本営の命令で関東軍が武装を解除し、ソ連から名誉ある人道的扱いの口約束を得ていただけだったからです。

中国で日本軍を即時に武装解除しなかったのは、蔣介石軍が共産軍との内戦も抱えていたので、日本軍を武装解除せずにおいて、安定した秩序を保つ必要があったことも理由の一つと考えられます。

しかしこの誤った判断の最大の原因は、日本は戦争に負けたことがないので、敗戦の悲惨さを知らなかったということにありました。

ソ連・フィンランド戦争の絶望的な末期に、フィンランドの救国の英雄、マンネルハイム将軍は「休戦は至上命令だ、国軍はまだ健在である。フィンランド国軍が崩壊したら休戦はあり得ない」と言っています。つまりフィンランド国軍が存在しているからこそ、休戦協定を結べるということです。

あのときに関東軍がすべきことは、武力を維持したまま、在留邦人を日本に送り返し、軍はその後、大連に集結して、武装を解除して日本に帰ることだったのでしょう。戦争に勝つためだけでなく、負けるためにも武力は要るのです。こうした敗戦の教訓は今後数世紀、数十世紀の後々までも、日本民族に伝えておくべきことでしょう。

［第五章］

アジア解放の役割

日露戦争の世界史的意義

日本の近代史におけるデモクラシーの発達、それから政治外交の問題を話してきましたが、もうひとつ、これはむしろ日本よりも世界史的に意義のあることとして、日本のアジアにおける役割、人種問題についての役割がありました。

アジアにおける日本の役割は日露戦争から始まります。

日露戦争で日本軍が次々にロシア軍を破ったことは、当時の世界において驚天動地のことでした。

なぜならば、それは有色人種が近代兵器を用いて白色人種を圧倒した最初の戦闘だったからです。日露戦争の初期の戦いで、次々に戦果をあげた黒木将軍は世界的な英雄になりましたが、実は黒木は、クロスキーというポーランド人の子孫だとか、シベリアのカイリータという村で生まれたロシア人の子孫だとかいう噂も流れました。有色人種には、まだそれだけの能力がないと思われていた時代だったのです。そのうちに日本軍が戦闘に次々に勝ち、ついにはバルチック艦隊を殲滅《せんめつ》してしまうと、世界中が興奮しました。

インドのネールは自伝に書いています。

「日本の勝利は私を熱狂させ、私は毎日、新聞を待ちこがれた。私はナショナリズムに興奮し、インドをヨーロッパの隷属から救い出す事を思い、私自身が剣をとってインドのために戦い、インドを解放する英雄的行為まで夢見た」。

日本の勝利は中国からインド、ペルシャ、トルコ、エジプトに至る全有色人種世界に興奮の渦を巻き起こしました。一九〇五年の日露戦争の後、一九〇六年にはペルシャ革命、一九〇七年にはインドの国民会議派の急進化、一九〇八年にはトルコ革命、そして一九一一年には中国の辛亥《しんがい》革命。そのすべての裏には、日露戦争における日本の勝利の心理的影響がありました。それはアメリカの黒人に対してさえも、希望を与えました。

話は先にいきますが、日本がアジア民族に自信と希望を与えた勝利は、その後、大東亜戦争で再現されます。

インドネシアのスマトラのアチェ族は、独立不羈《ふき》の民族で、今でもインドネシア内で独立運動をしていますが、オランダの支配にも最後まで抵抗しました。しかしオランダの駆逐艦の艦砲射撃には敵することができず、征服されました。ちょうどその直後、バルチックの大艦隊がマラッカ海峡の海を埋めて東進するのを見たアチェの人はこれで日本もおしまいだと思いました。しかし、そのバルチック艦隊が全滅したと聞いて将来の独立に自信をもったといいます。

その日本が、大東亜戦争では、原住民の見ている前で白人を圧倒したのです。

人種差別問題

十九世紀から二十世紀前半までの白人帝国主義時代において、真の独立を維持できた有色人種は日本民族ただ一つだったといってよいでしょう。

支那は英、仏、露に領土を蚕食《さんしょく》され、二十世紀初頭には遂に全土を列強の勢力範囲に分割され、国内の諸都市に外国人の治外法権を認める租界《そかい》が設けられるという半植民地に転落しました。シャムとペルシャは、それぞれ領土を蚕食された上に、英仏と英露の勢力範囲に分割され、エジプトは英国の統治の下に置かれました。

ただ一つ生き延びた日本でさえも、不平等条約の羈絆《きはん》から脱するのに十九世紀一杯かかっているのはすでに見てきたところです。

白人帝国主義時代における人種差別は、近代史の最大の汚点ともいうべきものです。その差別があまりに非人間的、非人道的であり、また有色人種の側からはあまりに屈辱的であったために、その記憶はかなり意図的に埋没され、記録に残っているものも稀です。

それでも、植民地にされなかった国はまだましでした。インドをはじめとするアジア、アフリカ諸民族は、それぞれの支配国の下で、ほとんど人間としての権利を奪われた生活を強いられました。奴隷解放後のアメリカにおける黒人の扱いもひどいものでした。黒人が車を買って運転したのが生意気だという理由で、ガソリンをかけられて焼き殺された例もありました。

植民地統治成功の一つの模範とされている英国のインド統治の下では、インド人は道の端を通らねばならず、道の真中を通ると、足蹴《あしげ》にされるなどの暴行を受けました。道でイギリス人に行きちがったインド人が、傘を低めなかった場合も同じだったといいます。

日本人に対する場合は、有色人種への蔑視と、非白人国日本の勃興の脅威感と、日本人の能力の高さへの警戒が入り混じった複雑な反応でした。

問題はカリフォルニアの日系移民から始まります。もっとも、それはカリフォルニアが悪いというよりも、十七—十九世紀の西欧植民地拡張時代に世界の沃土《よくど》はほとんど英国が支配することになり、豪州、ニュージーランド、南阿からはアジア人移住は実際上締め出されていたので、日本人移民の行き先はアメリカしかなかったわけです。

アメリカではその前から、アメリカ史の汚点といわれるほどの、支那系移住民に対する虐待、排斥があり、支那系移民が禁止された後、日本人移民はむしろ新しい労働力として歓迎されました。

ところが日系移民の数が増えるにつれて、白人労働者と競争する熟練労働者、特に農業労働者として警戒されるようになり、現地カリフォルニアのハースト系新聞、州議会、政府が日本人排斥運動を始めました。

時を同じくして日露戦争が起こり、アメリカ全体としては、成功物語好きのアメリカ気風の下で日本の評価は高まりましたが、カリフォルニアの現地ではかえって警戒心が強まりました。

たまたま第一次大戦があり、ドイツはもとより黄禍論《おうか》を唱えて日本の欧州派兵に反対しましたが、ハースト系新聞も同調して「日本は避けられない敵国であり、日本兵の欧州派兵は、アジア人をして白人を惨殺させる」ものだと論じたような状況でした。

日露戦争が終わる頃から、カリフォルニアでは次から次へと日本移民差別、排斥の措置が取られました。ワシントンの連邦政府は、常に日本に同情的でした。T・ローズベルト大統領は、日米両国は歴史的友好関係にあり、しかも日本は今や欧米一等国と同列の文明国であり、一つの州が外国との関係を損なうのは許されない、と強硬に主張しましたが、アメリカの憲法の下で、中央政府の権力が州に及ぶ限界があり、どうしようもありませんでした。

そして、やがて、日米間の「紳士協定」で日本移民は教育ある階級だけにするという自主規制を日本がすることになり、事実上対米移民は禁止されました。しかしその後も、既に定住していた日系人に対して、農地使用を制限するなどの日系人いじめは続きました。

これは戦前の日本において、反米的言動に常に正当性を与える結果になり、日米関係のしこりとなりました。その上に、米国からも豪州などからも締め出された、日本の中のあぶれ者、一旗組《ひとはたぐみ》が新たに植民地となった朝鮮に流れ込み、日本の権力をかさにきて、横暴を逞《たくま》しくし、これまで現在に至る日韓関係のしこりを残すことになります。

日本の主張、人権差別撤廃

第一次大戦終了後の国際連盟設立の会議で、日本が人種差別撤廃を主張したのにはこういう背景があったのです。

国際連盟ができる時は日本はほんとうに心配していました。連盟は白人がすべて決めてしまう機関になるおそれがある。連盟ができれば日本は入らないわけにはいかないが、それだから人種的偏見による不利を受けないよう努力しなければならない。それが、日本代表団に発せられた正式訓令でした。

戦後の史観は、朝鮮人、支那人を差別している日本が人種差別反対とはおこがましい、などと言いますが、歴史を判断する時に現代の価値観を持ち込むと、歴史の真実を見失ってしまう典型的な例です。

右の経緯を見れば、日本の提言は、進歩思想をよそおった偽善的提案でも何でもなく、日本民族自らの経験と当時の必要から自然に生まれたものであることがわかります。

また、人種平等が、文明国人だけに適用されるもので、非文明人、半文明人に適用されないのもまた当時誰一人疑わなかった常識です。

日本の提案に反対したのは主として豪州等英連邦諸国であり、もともと賛成だった英国はこれに引きずられ、米国は西部諸州に気がねしてこれに同調し、日本の提案は否決されるのですが、英連邦諸国の当初の反応は「日本の主張は理解できるが、日本人だけでなく、支那人、インド人をも平等に扱わざるを得ないのが問題だ」ということです。これが時代の精神でした。

結局は本提案は、出席十六名中、十一名が賛成し、英米等五カ国の反対で、満場一致でないという理由で否決されます。

日本の提案は、最後には、拘束力のない原則宣言だけにするところまで後退し、当時でも、本来誰も反対し得ない内容だっただけに、アングロ・サクソン世界以外は、地元フランスも含めて世界中日本を支持し、日本国内の世論は激昂《げきこう》します。

人種差別反対は、その後も日本外交の旗印となります。ドイツ軍のリトアニア侵入を前にして、多数のユダヤ人に日本入国査証を発行して命を救った杉原千畝《ちうね》領事の話もあります。

この話は、戦後の偏向史観の中では、戦前の日本はすべて悪でなければならないので、日本政府の方針に反抗して敢えてユダヤ人を救ったということにしないと美談にならず、そういう話になっています。またその解釈《ヴァージョン》による話が外国の教科書にまで日本人の美行として載っているので、それはそれとして今更とやかく言うこともないかもしれませんが、事実は異なります。

昭和十三年五月の五相会議（首相及び外、陸、海、蔵相による最高政策決定会議）は、多年主張してきた人種平等の精神の下にユダヤ人を差別せず公正に扱うことを決めました。

杉原領事の行動はこの訓令に沿ったものです。現に杉原氏の出国前にビザを出し切れなかったユダヤ人に対し、杉原氏はモスクワでビザを取るように勧め、モスクワでもビザは出ています。

杉原氏が偉かったのは、出発ギリギリまで寝食を節してビザを出し続けたことと、裁量の範囲内で最大限好意的な配慮をしたことです。

公正にということは他の諸国民、諸民族と平等に、ということです。最近は先進友好国間ではビザ無しの取り極めも多くありますが、原則としてビザは、身寄りもなく金もない外国人には出しません。入れて浮浪者になられても困るからです。

ですから当時リトアニアの米、英領事館も行先のないユダヤ人にはビザは出しませんでした。杉原氏は、ユダヤ人を救えるのは大日本帝国だけだと誇っていたといいます。

杉原氏のしたことは、シベリア鉄道を通ってウラジオストックに着くまでの時間を理由にして、それまでに落ちつき先やお金が整うことを条件にして、どんどんビザを出しました。

そして東京へは、もし条件が整わなければ、港で入国を断わってくれという官僚的な逃げもちゃんと打ってあるのですが、ソ連側はそんなことはおかまいなしに日本の港に上陸させて置いてってしまうので、皆無事出国できたわけです。

そういうユダヤ人が何千人も日本の港に着くので、困った外務省は、今後は気をつけるように電報を打ちますが、それは杉原氏がリトアニアを発った後なので、氏の行動は訓令前なので訓令違反はしていません。また、その後注意も処罰も受けず各地で勤務をしています。

ともあれ、何千人ものユダヤ人の生命がこうして日本人の手で救われたことについては、日本人は今でも誇りをもってよいのです。

日本の貢献

アジア諸民族の解放は、最終的には日本の国家目標となります。しかし、それは敗戦まで二、三年しかない、あまりにも短い期間でした。

大東亜戦争開戦後の半年間は、全アジアは熱狂の渦に包まれました。インドネシアでも、ビルマでも、住民は積極的に日本軍に協力して、オランダ軍も、イギリス軍も、まるで敵地で孤立して戦争しているような状況でした。十九世紀の西欧帝国主義を生き延び、常に国際情勢を冷徹な目で見ているタイまでが日本の勝利に酔ったほどです。

当初、日本の戦争目的は何かと言えば、開戦の詔勅にある通り自衛戦争です。石油禁輸で追いつめられて、一か八かで戦争を始めたのです。戦争は一国の運命を賭けることですから、必ず勝つと決まっていれば別ですが、他国の領土資源を奪って一稼ぎするために国運を賭す人はいませんし、他民族の独立を助ける利他的な目的で戦争をする人もいません。

ですから、初めは統一した戦争目的があったわけでなく、たとえばビルマ進攻当初、進攻軍と東条首相がビルマ独立支援を明言しながら、南方軍総司令官寺内寿一《ひさいち》は時期尚早といって、ビルマの志士達に挫折感を与えたこともありました。

日本人の意識改革は、重光葵《しげみつまもる》駐支大使、後の外務大臣の対支政策から始まります。それまで日本の軍部は、北支の駐兵権とか海南島の基地とかを和平の条件としていましたが、全東南アジアを征服した後は、重光の表現によれば「大戦以来日本人の視野が広くなり」、もうそんなことにこだわらなくなりました。

重光は、中国から完全撤兵し、いかなる利権も求めない完全に平等な国家関係を樹立することを基本とした上で、日中が同盟国となることを提案し、これを今後独立をするアジア諸国にも及ぼすことについて、天皇はじめ政府内の合意を達成しました。

私も当時の雰囲気は覚えています。当初は「せっかく日本が取った所をどんどん独立させてはつまらないではないか」という反応もあったのが、重光の政策が政府部内で確立された昭和十八年頃は、もう、誰もが日本の戦争目的はアジアの解放だということを信じて疑いませんでした。日本はどうせ負けるから、というのでもありませんでした。当時の日本人はまだ必勝の信念を持っていました。

つまり大日本帝国が滅びる最後の二、三年間、日本人は初めて大国民に成長していたのです。

ただ、世界の歴史の中にも、日本人の心の中にもそれを誇りとして刻むためにも、それはあまりにも短い期間でした。

しかし、もうその時点から二十世紀後半の欧米植民地解放は、もはや避け難い状況となっていました。

簡単に言えば、日本の貢献は二つです。

一つは有色人種が白人に勝てることを示したこと。これは、日露戦争以来、二十世紀において二度示しました。

もう一つは、日本人が戦争のやり方を惜しみなく現地の人に教えたことです。植民地時代は、ビルマの人は刃物の所持さえ禁止されていました。日本は現地人の民族意識を再興させ、軍事技術も教えました。

日本の占領後一年を経た後では、もはや日本の戦争目的が何であったか、日本の真意は何であったかを論じることさえ無意味となっていました。

現地の人が白人が脆くも敗退するのをその目で見、日本から戦争のやり方を教わった時点で、もう植民地統治というのは——たとえ日本自身が東南アジアを植民地化しようとしても——全く不可能となっていました。

民族の独立は、西欧帝国主義の衰退と共に何時かは実現したでしょう。しかし日本の占領は、その歴史の時計の針を半世紀ほど早く進めたといえます。

[第六章]

敗戦と占領

愛国精神が光彩を放った戦い

大東亜戦争は惨憺《さんたん》たる敗戦に終わりました。

ミッドウェーとソロモン群島の戦いで海軍航空隊、ニューギニアで陸軍航空隊を消耗し尽くした後、すべての戦闘は敵の制空権の下で戦うという近代戦としては絶望的な戦いとなりました。輸送船などはいくら送っても沈められてしまって、孤立した守備隊は飢餓の中で、すべて米側が主導する戦いをしなければなりませんでした。

しかし、その間の日本軍の戦闘ぶりを見ると、明治以来培ってきた愛国精神、軍人精神が真にその光彩を放ったのは、緒戦の勝ち戦さの時よりも、むしろ、この絶望的な戦いだったといえます。それは人類の歴史に残る勇戦でした。

戦士達は、ニューギニアに、フィリピンに、硫黄島に、沖縄に、それぞれ生命よりも名誉を重んじて、一身を顧みず国のために奮戦力闘しました。そして最後には特攻機となって爆弾を積んだまま敵艦に体当たりしました。

それは戦略的にも無意味ではありませんでした。敗勢濃くなってから二年半の彼らの勇戦がなければ、日本本土は、もっと早く、ドイツのように連合軍の蹂躙《じゅうりん》するところとなり、国民が直接蒙った惨苦はもっとひどかったでしょう。

しかし、現在彼らが日本民族の記憶に残しているのは、その軍事的、戦略的効果よりも人間がより高い価値観のために自分の生命をここまで犠牲にできるという、その精神の純潔さ、偉大さです。

「旅人よ行きてスパルタの人々に告げよ。吾ら国の掟《おきて》を守りてここに死せりと」

テルモピレーの石碑は、ペルシャの大軍を前にして、わずか三百名で一歩も引かず全滅したスパルタ兵の勇戦を二千五百年後の今に伝えています。江田島の参考館に残る特攻の若者達の遺書も、千年後までも、日本民族の遺産として残るのでしょう。

もう日本は断末魔の状況でした。米軍は大規模な無差別爆撃を行い、降伏までの半年間で六十の主要都市の市街地の五割を焼き尽くし、最後には広島、長崎に原爆を投下します。

そこにまだ有効期間中だった日ソ中立条約を侵犯してソ連が満州、千島、樺太に侵入して来ました。

国家と民族のために

ここに至って日本は、天皇の御前会議でポツダム宣言受諾による降伏を決定します。明治以来の大日本帝国の誇りを捨てて敵の軍門に降《くだ》るのは容易なことではありませんでしたが、広島の原爆から九日目、ソ連の侵入から六日目、その間、連合国とのやりとりの時間も含めて一日も無駄にしていません。吉田茂は「わが負けぶりは古今東西未曾有の出来映《できば》え」と評しています。

それはやはり日本人の愛国心のお陰でしょう。降伏の過程で、和平派も継戦派も、天皇以下誰一人自分の事など考えていません。胸中、国家と民族の命運しかありませんでした。これがドイツやイタリアの独裁者とは違ったところです。

降伏、占領も一糸乱れず行われました。

軍は、天皇の命令の下に整然と武装を解除し、国内の治安もいささかの乱れもありませんでした。最大の問題は食糧危機でした。満州、朝鮮、台湾からの供給が途絶え、空爆による各種インフラの荒廃のためです。しかし、これは、昭和天皇の懇請を受け、占領政策遂行上必要と判断したマッカーサーが、輸入食糧を放出したため救われました。

日本の自由化、民主化は、降伏後数カ月の改革で、すでにほぼ軌道に乗っています。自由化、民主化は、ポツダム宣言第10項にある「日本政府は、日本国民の間にある民主主義的傾向の復活に対する一切の障礙《しょうがい》を除去すべし、言論、宗教及び思想の自由ならびに基本的人権の尊重は確立せらるべし」という降伏の条件を、国際的契約として、日本政府が自らの責任で行ったことから始まります。

つまり、満州事変が始まる直前まで、日本に花開いていたデモクラシーを「復活し」、

「強化する」義務です。大正デモクラシーは、明治の自由民権運動以来日本人が自らの手で営々として築いてきた議会民主政治の終局点だったことは、この本の初めから見てきた通りです。

今生きている人達は、いくら遠く遡《さかのぼ》っても満州事変以降の非常時体制の記憶しかないので、占領軍のお陰で日本が民主化自由化したように思っていますが、今までこの歴史を読んで来られた方はもうお解りと思います。

パリに長く留学したリベラルな宮様の東久邇《ひがしくに》宮内閣は、言論、結社の完全自由化を宣言します。共産党員の全員釈放などは、むしろ占領当局側が、「大丈夫か？」と心配したのを強行しています。

続く、幣原内閣は、大正デモクラシー時代の幣原の盟友達を集めて、その時代以来の懸案であった、婦人参政権、進歩的な労働組合法、農地解放など、占領軍の指令を待たずに日本側のイニシアティブで着手しています。

こうした改革は、すべて、明治憲法の下の帝国議会で審議、採択され、明治憲法の下の法律となって今日に至っています。その間、明治憲法の条文が邪魔になったことは全くありません。日本の民主化が新憲法のお陰だというのは、占領当局が作り、日本の左翼がそれを墨守《ぼくじゅ》した神話です。

占領の功罪

民主化、自由化という意味では、占領は半年で十分でした。それさえも必要なかったかもしれません。

日本政府は占領の有無にかかわらずポツダム宣言の第10項を、宣言を受諾する条約上の義務として遵守するつもりでした。更にポツダム宣言さえも必要なかったのでしょう。戦時中の非常時体制が終われば、日本としては満州事変直前の時期、つまり大正デモクラシーにしか帰るところはないわけですから。

問題はその後六年に及ぶ占領です。

それが日本にとって有利だった点はあります。もし、それが歴史上の常識であり、当初占領当局もそう考えていたように、一年位で講和条約を作って占領を終えていたならば、その内容は、第一次大戦後の対独講和条約のように報復的な苛酷なものとなっていたことは間違いありません。

その内容は日本の工業や商船隊を制限し、航空機の保有を禁止し、これを四十年間連合国が監視するような厳しいものでした。

もっとも、戦後五十年経っても、占領中の憲法そのままというような現状を考えると、四十年屈辱に堪えてそれをバネに立ち上がる選択もあったかもしれませんが、その間の国民生活の窮乏は想像するだに怖ろしいものです。

ところが、冷戦の勃発のため講和が遅れ、またそのために、米国の政策が、日本を懲罰することから、冷戦を戦うパートナーとするように変わったため、日本は苛酷な講和からのがれたのです。

他面、全部で七年間の長い占領行政が日本に及ぼしたマイナスの影響は、とても五十年では修復できないような大きなものとなりました。

一つは、これはある意味では、マッカーサーの善意なのですが、占領軍が新しい憲法を自分で作って、それを日本に押しつけたことです。

善意といっても日本を民主化、自由化しよう、あるいは平和愛好国家にしようとするための善意という意味ではありません。占領政策を成功させるために天皇制を守ろうという意思から発したことです。

占領を成功させるための秘策

マッカーサーは、日本に到着する前から日本専門家の意見を聞いて、日本占領を成功させるには天皇の権威を利用することが不可欠だと信じていました。それは正しい判断でした。

天皇の御命令がなければ、軍国主義に徹していた日本の将校群があれほど素直に降伏を受諾することはあり得ないことでした。占領後の行政も治安も、天皇を上に頂く日本の行政組織を活用するのが最善という判断でした。

ところが、日本をよく知っているジョセフ・グルー国務次官が、日本のポツダム宣言受諾を聞いて、「これで私の役目は終わった」と引退した後を継いだアチソンは、元々天皇の責任追及論者で、国務省の知日派を一掃して、日本に対する懲罰的政策を推進しました。

また一九四六年二月二六日から発足した極東委員会は、占領政策を決める最高機関でしたが、ソ連などの発言力が強く、天皇制廃止の意見が依然有力でした。そして、五月に開廷された東京裁判では、天皇の告発、逮捕を主張する意見もありました。

こういう切迫した情勢に対処するため、マッカーサーは、先制作戦を考えました。それは、いかなる反日的な国といえども反対し得ないような絶対平和主義の宣言と天皇制維持を二本の柱とする新憲法を作成し、それを日本政府の自発的意見とすることによって、既成事実を作ってしまうことでした。

マッカーサーは、それを軍隊的な、絶対的な秘密厳守と、期限厳守の命令の下に、水も洩らさず遂行しました。

それは日本としては感謝すべきことだったでしょう。天皇制は、千数百年の日本の歴史と伝統をせおっています。

憲法や、法律は改廃できますが、天皇制はいったん廃止すると復活は極めて困難だったでしょう。

ただ、その憲法の平和主義があまりにも非現実的であったということと、憲法が占領軍の未熟な官僚の手で一週間で起草され、日本側の意見は無視されたという、国家の憲法としての正統性が欠如していたということと、極東委員会に対するメッセージとして日本があとで修正しようとしてもなかなか修正できないような条件にしてしまったことも相まって、永く日本の憲法思想に昏迷をもたらしました。

占領軍の左翼ニューディーラーの出現

もう一つの問題は、占領当局の官僚制度《ビューロクラシー》が確立されるにつれて、米国務省の当初の反日的姿勢を後楯にして、占領軍の中の左翼ニューディーラー達が跳梁跋扈《ちょうりょうばっこ》したことです。

彼らは、日本の歴史と伝統に全く無知だということを自ら公言して、過去の日本はすべて悪であり、民主主義を建設するためには、まず過去の伝統を破壊することを目標としました。

ポツダム宣言で日本の民主主義の復活強化を考えた米英の先人達の意向など全く無視したわけです。

そして、言論の自由を謳ったポツダム宣言、明治憲法、新憲法、米国憲法のすべてに違反する徹底した言論統制によって、日本の過去はすべて悪であり、占領軍と新憲法のお陰ではじめて日本が民主化した、自由化した、というプロパガンダを、各種報道に、教育に徹底させました。

権力は腐敗する、絶対権力は絶対に腐敗する、というのは千古の鉄則です。占領軍の絶対権力をかさに着た彼らの政策は、民主主義のチェック・アンド・バランスなど働かないやりたい放題であり、彼らの植民地支配的な私生活も放恣乱脈《ほうしらんみゃく》でした。

さすがに、占領軍の中でも、これに顰蹙《ひんしゅく》する声もあり、また、冷戦の進展に伴って日本の戦略的価値を再認識するワシントンや、占領軍内の現実主義者達からの批判もあり、左翼ニューディーラー達の跋扈《ばっこ》も一九四八年一杯までで終わりました。

ところが、日本を精神的、軍事的に弱体化しようという占領初期の国務省の政策の上に立った左翼ニューディーラー達の政策は、そのまま国際共産主義勢力とその影響下にあった日本の左翼に引き継がれることになります。

冷戦時代の共産陣営の目的はいうまでもなく、世界における共産主義の勝利であり、日本についていえば、いざという時に、日本を革命か軍事侵略によって取れるようにしておくことです。

そのためには、日本人が精神的に、反戦、反軍であり、反国家的であればあるほど良く、自衛隊と安保条約は弱ければ弱いほど良いわけです。

その影響下の左翼運動の中心が、いわゆる護憲勢力となり、左翼の影響力の下にあった新聞、放送、出版、教育の労組を通じて、占領軍初期の政策をその後半世紀以上引き継ぐことになります。

そして、その結果である精神的昏迷が冷戦が終わった現在まであとを引いているわけです。

その問題は憲法、集団的自衛権、歴史教科書、靖国参拝、戦争裁判の効力などをめぐって、今でも日夜マスコミ、総合雑誌などで論じられている通りです。

新しいものを思索し創造するとき

ここでは最後に、拙著『百年の遺産』の最終パラグラフを引用したいと思います。

占領終了後五十年も経って、まだこんな状況なのは不甲斐ないと感じますが、振り返って歴史の例を見てみると、どうもそういうもののようです。

文化の最盛期というのは、古今東西の歴史で、戦乱の百年後に訪れています。漢の武帝、唐の玄宗の時代、日本の元禄等、皆そうです。どうして百年もかかるのかと不思議に思っていましたが、戦後五十年の今の日本を見ればなるほど、そうかもしれないと思います。

日本国民が直接戦乱の惨禍にさらされたのは、第二次大戦の前は戦国時代しかありません。

それが終わる関ケ原の戦い（一六〇〇年）の五十年後といえば、由井正雪《ゆいしょうせつ》の乱（一六五一年）です。この事件の関係者は皆、関ケ原戦後生まれですが、まだ戦争の長い影をひきずっています。

戦乱の影響のかけらもない、井原西鶴《さいかく》（一六四二—九三）、関孝和《たかかず》（一六四〇年頃—一七〇八）、松尾芭蕉（一六四四—九四）、近松門左衛門（一六五三—一七二四）、新井白石（一六五七—一七二五）、尾形光琳《こうりん》（一六五八—一七一六）など元禄（一六八八—一七〇四）をになう世代が生まれるのは、すべて、ちょうどその前後十年の間です。

戦後五十年経って国会でも新聞でも論議されているのは、憲法九条といい、靖国といい、戦争の後遺症がほとんどです。こんなものにいつまでもかかずらわっているかぎり、新しい文化の創造のエネルギーはまだ湧き出して来る時期ではないのでしょう。やっと今社会に出始めた世代、そして、それに続く世代に期待したいと思います。

若い人達にとって正しい態度は「もういつまでもそんなことを言うのはやめようや」ということでしょう。

戦争と占領の清算はわれわれの世代にまかせて、日本と人類の長い歴史の伝統と文化、そして普遍的な人間性の本質だけを直視して、そこから新しいものを思索し創造してくれることを期待します。

そしてわれわれの世代の任務は、戦争、占領の残滓《ざんし》を払拭し、これから出てくる新しい世代が、その上に何ものにも捉われない鮮烈な線が引けるような真っ白なキャンバスを用意することです。

それが偏向史観排除の真の目的であり、私の念願です。

〈著者略歴〉

岡崎久彦（おかざき　ひさひこ）

1930年大連生まれ。東京大学法学部在学中に外交官試験に合格し、外務省に入省。1955年ケンブリッジ大学経済学部学士及び修士。在米日本大使館、在大韓民国大使館などを経て、1984年初代情報調査局長に就任する。その後も駐サウジアラビア大使、駐タイ大使を務める。現在は博報堂顧問。

著書に『隣の国で考えたこと』（中央公論社、日本エッセイストクラブ賞）、『国家と情報』（文藝春秋社、サントリー学芸賞）、『戦略的思考とは何か』（中公新書）、『小村寿太郎とその時代』『陸奥宗光とその時代』『幣原喜重郎とその時代』『重光・東郷とその時代』『吉田茂とその時代　敗戦とは』（PHP研究所）『百年の遺産』（扶桑社）など多数。

第11回正論大賞受賞。

どこで日本人の歴史観は歪んだのか

平成十五年五月八日　第一刷発行

著　者＝岡崎久彦

発行者＝下村のぶ子
発行所＝株式会社　海竜社
東京都中央区築地二の十四の一（郵便番号）一〇四—〇〇四五
電話　東京（〇三）三五四二—九六七一（代表）
振替　〇〇一一〇—九—四四八八六

もし、落丁、乱丁、その他不良な品がありましたら、おとりかえします。お買い求めの書店か小社へお申しいでください。

印刷所＝新協印刷株式会社
製本所＝大口製本印刷株式会社

ISBN4—7593—0747—8